みんなのミカタ

社会保障制度 1

監修 河合 塁

社会保障制度と制度をささえるお金

今年《ことし》も
同《おな》じクラスで
よかったね
赤《あか》ちゃんからいっしょ！
ニャ
え？ ねこ？
迷《まよ》いねこかな？
キョロ
キョロ
どこ？
ヌッ
キリッ
やあ！ 迷《まよ》える おふたり！
ねこ!?
しかも 立《た》ってるし！
ニャーッ!

あ、あのー わたしたち 学校《がっこう》からまっすぐ 下校中《げこうちゅう》でどこも 迷《まよ》ってはいなくて…
迷《まよ》えるおふたり??
ねっ?
迷《まよ》いねこはさがしてたけど
うんうん
では困《こま》りごとは!?
ズズイッ
圧《あつ》
それもない…ですねえ…
うんないない
うむ…
ショボ…
それはそれでしあわせなことだといえますが…
ホッ…
しかし
いつなにがあるかわかりませんよ!!
知《し》っていて損《そん》はないと思《おも》います!!
どういうこと?
ていうかねこ?なんで??
生活《せいかつ》する上《うえ》で困《こま》りごとがおきたとき国《くに》がささえてくれるしくみがあるのです!
人生《じんせい》すごろく
スタート
病気《びょうき》
失《しつ》業《ぎょう》
倒産《とうさん》
ケガ
家《いえ》をたてる
その名《な》も社会《しゃかい》保《ほ》障《しょう》制《せい》度《ど》!
ピカーー!!
ウィーーン
ピッ
プロジェクションマッピング!?

もくじ

登場人物《とうじょうじんぶつ》

ねこ先生《せんせい》

プロフィール

- 社会保障制度《しゃかいほしょうせいど》のエキスパート。大学《だいがく》の教授《きょうじゅ》もつとめる。学生《がくせい》からは「ねこ先生《せんせい》」としたわれている。
- いたって温厚《おんこう》。しかし、スイッチが入ると急《きゅう》に熱《あつ》くなる。社会保障制度《しゃかいほしょうせいど》について、幅広《はばひろ》い世代《せだい》にわかりやすく伝《つた》えることに尽力《じんりょく》。
- チャームポイントは、キュートな丸《まる》メガネと蝶《ちょう》ネクタイ。ねことは思《おも》えない姿勢《しせい》のよさ。

2章《しょう》 社会《しゃかい》保障制度《ほしょうせいど》と制度《せいど》にかかるお金《かね》——21

プロフィール

- ちょっと天然男子《てんねんだんし》。ゲーム大《だい》好《す》き理数系《りすうけい》。算数《さんすう》、理科《りか》は得《とく》意《い》だが、国語《こくご》と音楽《おんがく》はからっきしダメ。
- スポーツはそれほど好《す》きではない。両親《りょうしん》と3人家族《にんかぞく》。
- ゆなといるとボケ役《やく》。のんびり屋《や》のため、何事《なにごと》もテンポの速《はや》いゆなについていけない。

プロフィール

- しっかり系女子《けいじょし》。物《もの》おじしない性格《せいかく》。学校《がっこう》の成績《せいせき》はふつう。
- スポーツ万能《ばんのう》で、とくにバスケットボールが得意《とくい》。
- みなととは、生《う》まれた産院《さんいん》→幼《よう》稚園《ちえん》→小学校《しょうがっこう》とずっと同《おな》じ。みなとの大《おお》らかな性格《せいかく》と自分《じぶん》のニガテな理数系分野《りすうけいぶんや》に強《つよ》いところを尊敬《そんけい》している。

はじめに

みなさんは毎日《まいにち》、どんな生活《せいかつ》をおくっていますか？　勉強《べんきょう》したり、本《ほん》を読《よ》んだり、遊《あそ》んだりゲームをしたり……。でもなにかのきっかけで、そんな「あたりまえの生活《せいかつ》」ができなくなることもあります。もし、交通事故《こうつうじこ》で大《おお》ケガをしたら……？　親《おや》が勤《つと》めている会社《かいしゃ》が倒産《とうさん》してしまったら……？

そんなこと、あんまり考《かんが》えたくないですよね。でも、いまはよくても、だれでもとつぜん、そうなってしまう可能性《かのうせい》はあるのです。だからこそ社会全体《しゃかいぜんたい》で、そうなった人《ひと》をささえたり、そうなったときにできるだけ生活《せいかつ》に困《こま》らないようそなえたりすることが大切《たいせつ》で、そのしくみが「社会保障制度《しゃかいほしょうせいど》」なのです。このシリーズでは、3巻《かん》を通《とお》して、社会保障《しゃかいほしょう》のしくみや大切《たいせつ》さ、社会保障制度《しゃかいほしょうせいど》をささえるお金《かね》の流《なが》れなどを学《まな》びます。

1巻《かん》では、社会保障《しゃかいほしょう》とはどんなものなのか、なんのためにあるのか、どんなときに役《やく》に立《た》つのかなど、社《しゃ》会保障《かいほしょう》の全体像《ぜんたいぞう》を学《まな》びます。また、社会保障《しゃかいほしょう》のためにどのくらいのお金《かね》が、どんなことにつかわれているのか、そのお金《かね》はだれが負担《ふたん》しているのか、といったことも学《まな》びます。

「社会保障《しゃかいほしょう》なんていらない」と思《おも》っている人《ひと》もいるかもしれませんが、ないとやっぱり困《こま》るのが社会保障《しゃかいほしょう》。でも、働《はたら》く世代《せだい》も子《こ》どももへってくる中《なか》で、これからも社会保障《しゃかいほしょう》をつづけていくために、いろいろ考《かんが》えないといけないのもたしかです。みなさんもこの本《ほん》を通《つう》じて、友《とも》だちや先生《せんせい》ともいっしょに、ぜひ考《かんが》えてみてください。

岐《ぎ》阜《ふ》大学《だいがく》地域《ちいき》科学部《かがくぶ》教授《きょうじゅ》
河合《かわい》塁《るい》

1章《しょう》

社《しゃ》会《かい》保《ほ》障《しょう》制《せい》度《ど》って どんな制《せい》度《ど》？

社会保障制度《しゃかいほしょうせいど》とは、「生活《せいかつ》する上《うえ》で困《こま》った」とき国《くに》がささえてくれるしくみ

「社会保障《しゃかいほしょう》」ということばを知《し》っていますか？　おとなも子《こ》どもも、お金《かね》がある人《ひと》も、健康《けんこう》な人《ひと》も、どんな人《ひと》でも、生《い》きているかぎり、だれでも「生活《せいかつ》する上《うえ》で困《こま》った」ということがおこる可能性《かのうせい》があります。

そんな困《こま》ったことがおきたとき、またはおきないように、**国《くに》がささえていこうというのが社会保障《しゃかいほしょう》です**。

ふかぼり

社会保障制度《しゃかいほしょうせいど》をひとことでいうと…

社会保障制度《しゃかいほしょうせいど》をひとことでいうと、**だれにでもおこる可能性《かのうせい》がある「生活《せいかつ》する上《うえ》で困《こま》ったこと」を社会全体《しゃかいぜんたい》でささえあう、国《くに》のしくみ**です。では、「生活《せいかつ》する上《うえ》で困《こま》ったこと」とは、どういうことでしょうか。

たとえば、健康《けんこう》な人《ひと》でも、とつぜん病気《びょうき》になったり、障《しょう》がいを負《お》ったりして働《はたら》けなくなるかもしれません。そうでなくても年《とし》をとれば、だれでもいつかは働《はたら》けなくなります。ほかにも、失業《しつぎょう》したり、働《はたら》きたいのに子《こ》どもを預《あず》けられなかったりなんてことも。このように、生活《せいかつ》する上《うえ》での困《こま》ったことは、いろいろあるのです。

これらは、特別《とくべつ》な人《ひと》だけにおこるのではなく、だれにでもおこる可能性《かのうせい》がありますし、**本人《ほんにん》の努力《どりょく》だけで完全《かんぜん》にさけることがむずかしいもの**です。そこで、社会全体《しゃかいぜんたい》でささえあえるよう、国《くに》の責任《せきにん》でととのえたのが社会保障制度《しゃかいほしょうせいど》です。困《こま》りごとによって制度《せいど》があり、生活《せいかつ》に必要《ひつよう》なお金《かね》や、目的《もくてき》に合《あ》ったサービスが保障《ほしょう》されています。

だれにでもおこる可能性《かのうせい》がある　生活《せいかつ》の困《こま》りごと

これから生活《せいかつ》するお金《かね》はどうしよう…。

年《とし》をとって退職《たいしょく》した。

だれがお世話《せわ》すればいいのか…。

おばあちゃんが腰痛《ようつう》で歩《ある》けなくなってしまった。

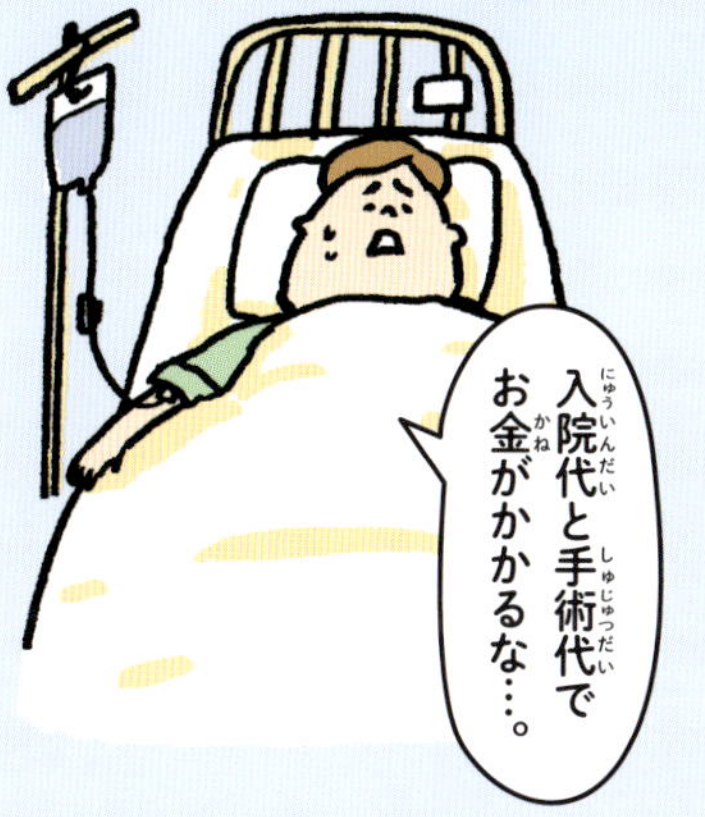
入院代《にゅういんだい》と手術代《しゅじゅつだい》でお金《かね》がかかるな…。

病気《びょうき》になって手術《しゅじゅつ》をした。

明日《あした》からのくらしはどうすればいいの…。

お父《とう》さんが交通事故《こうつうじこ》で亡《な》くなった。

ほいくえん
ほいくえん
ほいくえん
ほいくえん
会社《かいしゃ》をやめるしかないかな…。

子《こ》どもが生《う》まれても仕事《しごと》をつづけたいけど、希望《きぼう》する保育園《ほいくえん》に入《はい》れない。

転職先《てんしょくさき》がみつからない！

勤《つと》め先《さき》の会社《かいしゃ》が倒産《とうさん》した。

だれもが自分《じぶん》らしく生《い》きる！ みんなの生活《せいかつ》を守《まも》る制度《せいど》に発展《はってん》してきた社会保障制度《しゃかいほしょうせいど》

もともと、生活《せいかつ》の苦《くる》しさなどは、自分《じぶん》で対応《たいおう》すべきものと考《かんが》えられてきました。しかし、大《おお》ケガをして働《はたら》けなくなったり、地震《じしん》で家《いえ》がつぶれたりなど、**貧困《ひんこん》は個人《こじん》の努力《どりょく》だけではどうしようもないことがあります。**だから国《くに》がきちんと対応《たいおう》するべきだ、という考《かんが》え方《かた》から、社会保障制度《しゃかいほしょうせいど》が整備《せいび》されてきたのです。

ふかぼり

国民《こくみん》の生活《せいかつ》を守《まも》るために発展《はってん》してきた制度《せいど》

もともとは、お金《かね》に困《こま》る人《ひと》がふえると犯罪《はんざい》がふえる、という単純《たんじゅん》な発想《はっそう》から、それを防《ふせ》ぐために生《う》まれたのが社会保障制度《しゃかいほしょうせいど》です。しかし、貧困《ひんこん》は個人《こじん》のせいとはいえないことがわかり、社会全体《しゃかいぜんたい》で対応《たいおう》すべきだと考《かんが》えられるようになっていきました。

いまの日本《にほん》では、国民《こくみん》は「健康《けんこう》で文化的《ぶんかてき》な最低限度《さいていげんど》の生活《せいかつ》を営《いとな》む権利《けんり》」があることが、日本国憲法第《にほんこくけんぽうだい》25条《じょう》に記《しる》されています。この権利《けんり》を「生存権《せいぞんけん》」といい、社会保障制度《しゃかいほしょうせいど》はこれに基《もと》づいて発展《はってん》してきたのです。

ただ、「健康《けんこう》で文化的《ぶんかてき》な最低限度《さいていげんど》の生活《せいかつ》」とはなにかというのはとてもむずかしいところです。その中《なか》で最近注目《さいきんちゅうもく》されているのは、「自律《じりつ》（自立《じりつ》）」して生《い》きられるということ。自律《じりつ》とは、自分《じぶん》らしく生《い》きるという意味《いみ》です。だれもが地域《ちいき》の中《なか》で自分《じぶん》らしく生《い》きることが「健康《けんこう》で文化的《ぶんかてき》な」生活《せいかつ》につながります。だから、**社会保障《しゃかいほしょう》がめざすのは、国民《こくみん》が自分《じぶん》らしく生活《せいかつ》できる社会《しゃかい》**。そういう社会《しゃかい》をみんなで協力《きょうりょく》して実現《じつげん》する制度《せいど》に、社会保障《しゃかいほしょう》は発展《はってん》してきたのです。

社会保障《しゃかいほしょう》の目的《もくてき》は…

社会保障《しゃかいほしょう》がある理由《りゆう》は、コレです！

失業《しつぎょう》
国《くに》が生活《せいかつ》を守《まも》ってくれるなんて、心強《こころづよ》いなあ。

国民《こくみん》の生活《せいかつ》を保障《ほしょう》する

努力《どりょく》だけではどうすることもできない、病気《びょうき》やケガ、貧困《ひんこん》などの困《こま》りごとから国民《こくみん》を守《まも》る。

自分《じぶん》らしい生《い》き方《かた》を支援《しえん》する

寝《ね》たきりの障《しょう》がいを負《お》っている人《ひと》も、車椅子《くるまいす》で生活《せいかつ》する高齢者《こうれいしゃ》も、だれもが自分《じぶん》らしく生《い》きられるよう支援《しえん》する。

だれもが自分《じぶん》らしく笑顔《えがお》でいられるのって、いいね。

社会保障制度《しゃかいほしょうせいど》が ととのっていると こんないいことがある！

社会保障制度《しゃかいほしょうせいど》は、生活《せいかつ》の困《こま》りごとがとつぜんおきたとき、生活《せいかつ》に必要《ひつよう》なお金《かね》やサービスを提供《ていきょう》してくれます。サービスを受《う》けた人《ひと》たちはもちろん助《たす》かりますが、それ以外《いがい》にも、**社会保障制度《しゃかいほしょうせいど》がととのっていることで、社会全体《しゃかいぜんたい》にとって5つのいいこと**があります。

ふかぼり 社会保障制度《しゃかいほしょうせいど》がもつ5つのいいこと

いいことの1つ目《め》は、**経済的《けいざいてき》に困《こま》る人《ひと》をへらす**こと。収入《しゅうにゅう》がへらないようにそなえたり、収入《しゅうにゅう》がへって生活《せいかつ》ができなくなったときにささえたりします。

2つ目《め》は**所得《しょとく》の再分配《さいぶんぱい》**。国民《こくみん》の所得《しょとく》（収入《しゅうにゅう》）を、国《くに》がいったんあつめた上《うえ》で、必要《ひつよう》な人《ひと》にわける、ということです。**所得《しょとく》の少《すく》ない人《ひと》の生活《せいかつ》をささえ、所得《しょとく》の格差《かくさ》をへらします。**

3つ目《め》は**リスクの分散《ぶんさん》**。事故《じこ》や病気《びょうき》など、予想《よそう》できないトラブルを社会的《しゃかいてき》リスクといいます。個人《こじん》ですべてのリスクにそなえるのは無理《むり》なので、**困《こま》ったときのために、社会全体《しゃかいぜんたい》でそなえる**のがリスクの分散《ぶんさん》です。

4つ目《め》は**社会《しゃかい》や経済《けいざい》の安定化《あんていか》**。貧《まず》しい人《ひと》がふえると、犯罪《はんざい》がふえやすくなりますが、社会保障制度《しゃかいほしょうせいど》が生活《せいかつ》に困《こま》った人《ひと》をささえることで、社会《しゃかい》が安定《あんてい》しやすくなります。

5つ目《め》は**家族《かぞく》の役割《やくわり》をささえる**こと。子《こ》育《そだ》てや介護《かいご》などは、昔《むかし》は家族《かぞく》のだれか（多《おお》くは女性《じょせい》）がやっていましたが、共働《ともばたら》きや核家族《かくかぞく》がふえ、**社会保障制度《しゃかいほしょうせいど》が家族《かぞく》のかわりに、その役割《やくわり》の一部《いちぶ》をささえています。**

社会保障制度《しゃかいほしょうせいど》がもたらす5つのいいこと！

1 経済的《けいざいてき》に困《こま》る人《ひと》をへらす

病気《びょうき》やケガの治療費《ちりょうひ》の負担《ふたん》が少《すく》なくすむ医療保険《いりょうほけん》や、働《はたら》けなくなったときの生活《せいかつ》をささえる年金保険《ねんきんほけん》で貧困《ひんこん》におちいるのをふせいだり、生活保護《せいかつほご》などで貧困《ひんこん》から救《すく》ったりする。

2 所得《しょとく》の再分配《さいぶんぱい》

社会全体《しゃかいぜんたい》からお金《かね》をあつめ、社会保障制度《しゃかいほしょうせいど》をとおして、所得《しょとく》の多《おお》い人《ひと》から少《すく》ない人《ひと》へ、働《はたら》いている人《ひと》から退職《たいしょく》した人《ひと》へなど、所得《しょとく》の一部《いちぶ》を配《くば》りなおして、貧富《ひんぷ》の差《さ》をへらす。

3 リスクの分散《ぶんさん》

いつ、だれにおこるかわからない「生活《せいかつ》の困《こま》った」に、社会全体《しゃかいぜんたい》でそなえれば、一人《ひとり》ひとりの負担《ふたん》は少《すく》なくてすむ。

4 社会《しゃかい》や経済《けいざい》の安定化《あんていか》

貧困《ひんこん》がへれば、犯罪《はんざい》もへり、社会《しゃかい》が安定《あんてい》する。保険料《ほけんりょう》などのお金《かね》をあつめたり、給付《きゅうふ》などでお金《かね》をもらったりすることで、社会《しゃかい》にお金《かね》が出回《でまわ》り、経済《けいざい》が安定《あんてい》していく。

5 家族《かぞく》の役割《やくわり》をささえる

保育所《ほいくしょ》があると子《こ》どもをあずけて働《はたら》けるし、介護保険《かいごほけん》があると高齢者《こうれいしゃ》の支援《しえん》が楽《らく》になり、家族《かぞく》の負担《ふたん》をへらすことができる。

どんな人《ひと》でも社会保障《しゃかいほしょう》を受《う》ける権利《けんり》がある！

社会保障《しゃかいほしょう》制度《せいど》は、生活《せいかつ》の困《こま》りごとを幅広《はばひろ》くささえています。そこには多《おお》くの法律《ほうりつ》があり、その法律《ほうりつ》に基《もと》づいて制度《せいど》がととのっています。そして、いちばん基本《きほん》となっているのが**日本国憲法《にほんこくけんぽう》**です。貧困《ひんこん》をはじめとする**「生活《せいかつ》の困《こま》りごと」は、個人《こじん》の責任《せきにん》ではなく社会全《しゃかいぜん》体《たい》でささえていく**、という考《かんが》えにたっています。

老人福祉法《ろうじんふくしほう》
(→3巻《かん》20ページ)
児童福祉法《じどうふくしほう》
(→3巻《かん》10ページ)
国民健康保険法《こくみんけんこうほけんほう》
(→2巻《かん》21ページ)
雇用保険法《こようほけんほう》
(→2巻《かん》39ページ)
身体障害者福祉法《しんたいしょうがいしゃふくしほう》
(→3巻《かん》19ページ)

ふかぼり

国《くに》の責任《せきにん》を明記《めいき》した憲法《けんぽう》25条《じょう》の「生存権《せいぞんけん》」

日本国憲法第《にほんこくけんぽうだい》25条《じょう》には、「国民《こくみん》は、国《くに》から社会保障《しゃかいほしょう》を受《う》ける権利《けんり》がある」という考《かんが》えが示《しめ》されています。どういうことでしょう。憲法《けんぽう》の第《だい》25条《じょう》は、2項《こう》の条文《じょうぶん》からなっています。

1項《こう》は、**だれもが、人《ひと》として「人間《にんげん》らしい」生活《せいかつ》をおくることが、国《くに》によって保障《ほしょう》されている**と記《しる》されている「生存権《せいぞんけん》」についてです。生存権《せいぞんけん》は、死《し》なない程度《ていど》の、最《さい》低限《ていげん》のご飯《はん》だけあればいい、というのでは決《けっ》してありません。人間《にんげん》らしく、自分《じぶん》らしく生《い》きられる権利《けんり》のことです。1項《こう》を実現《じつげん》するために国《くに》がやるべきことを書《か》いているのが、2項《こう》です。**国民《こくみん》はだれにでも人間《にんげん》らしく生《い》きる権利《けんり》があり、その実現《じつげん》のために、国《くに》は社会福祉《しゃかいふくし》や社会保障《しゃかいほしょう》にしっかりとりくまなければならない**、というものです。

憲法第《けんぽうだい》25条《じょう》をもとにして、生活保護法《せいかつほごほう》や国民年金法《こくみんねんきんほう》など、生存権《せいぞんけん》を保障《ほしょう》する法律《ほうりつ》が生《う》まれました。社会保障《しゃかいほしょう》は社会《しゃかい》の問題《もんだい》であるからこそ、国《くに》がとりくまなければならないのです。

日本国《にほんこく》憲法《けんぽう》第《だい》25条《じょう》

1項《こう》

すべて国民《こくみん》は、健康《けんこう》で文化的《ぶんかてき》な最低限度《さいていげんど》の生活《せいかつ》を営《いとな》む権利《けんり》を有《ゆう》する。

2項《こう》

国《くに》は、すべての生活部面《せいかつぶめん》について、社会福祉《しゃかいふくし》、社会保障《しゃかいほしょう》及《およ》び公衆衛生《こうしゅうえいせい》の向上《こうじょう》及《およ》び増進《ぞうしん》に努《つと》めなければならない。

社会《しゃかい》保障《ほしょう》制度《せいど》の4つの柱《はしら》がわたしたちのくらしや健康《けんこう》を守《まも》っている

社会保障《しゃかいほしょう》制度《せいど》は国民《こくみん》の生活全体《せいかつぜんたい》にかかわっていて、制《せい》度《ど》ごとに、**「社会保険《しゃかいほけん》」「公的扶助《こうてきふじょ》」「社会福祉《しゃかいふくし》」「保健《ほけん》医療《いりょう》・公衆衛生《こうしゅうえいせい》」の4つ**にわけられます。ほかにも住《じゅう》宅対策《たくたいさく》や、働《はたら》く人《ひと》のための雇用対策《こようたいさく》などもありますが、おもにこの4つの柱《はしら》が、わたしたちのくらしや健康《けんこう》を守《まも》っています。

ふかぼり

生活《せいかつ》の安心《あんしん》・安定《あんてい》をささえるセーフティネット

4つの制度《せいど》のうち「**社会保険《しゃかいほけん》**」は、病気《びょうき》やケガ、障《しょう》がいなど生活上《せいかつじょう》の困《こま》ったことに対《たい》し、あらかじめ保険料《ほけんりょう》をはらっておくことで、必《ひつ》要《よう》なお金《かね》やサービスを受《う》けられる制度《せいど》です。全国民《ぜんこくみん》が保険料《ほけんりょう》をはらってこの制度《せいど》に加入《かにゅう》しなければならないのが、特《とく》ちょうです。

「**公的扶助《こうてきふじょ》**」とは、どうしても自分《じぶん》の力《ちから》で生活《せいかつ》できない人《ひと》に最低限度《さいていげんど》の生活《せいかつ》を保障《ほしょう》し、自立《じりつ》を助《たす》ける制度《せいど》です。国民《こくみん》からあつめた税金《ぜいきん》が財源《ざいげん》となっています。

「**社会福祉《しゃかいふくし》**」とは、障《しょう》がい者《しゃ》やひとり親《おや》家庭《かてい》、高齢者《こうれいしゃ》など、社会《しゃかい》の中《なか》で立場《たちば》の弱《よわ》い人《ひと》たちが、安心《あんしん》して社会生活《しゃかいせいかつ》をおくれるよう、お金《かね》やサービスを支援《しえん》する制度《せいど》です。

「**保健医療《ほけんいりょう》・公衆衛生《こうしゅうえいせい》**」は、国民《こくみん》が健康《けんこう》に生活《せいかつ》するための制度《せいど》です。医療《いりょう》サービスのほか、病気《びょうき》の予防《よぼう》、健全《けんぜん》な出産《しゅっさん》や育児《いくじ》をささえる母子保健《ぼしほけん》、食品《しょくひん》や医薬品《いやくひん》の安全確《あんぜんかく》保《ほ》などについて支援《しえん》します。

この4つの制度《せいど》を中心《ちゅうしん》とした社会保障制《しゃかいほしょうせい》度《ど》は、わたしたちのくらしを幅広《はばひろ》くささえる「安全網《あんぜんもう》（セーフティネット）」といえます。

社会保障制度《しゃかいほしょうせいど》は4つの柱《はしら》でささえられている

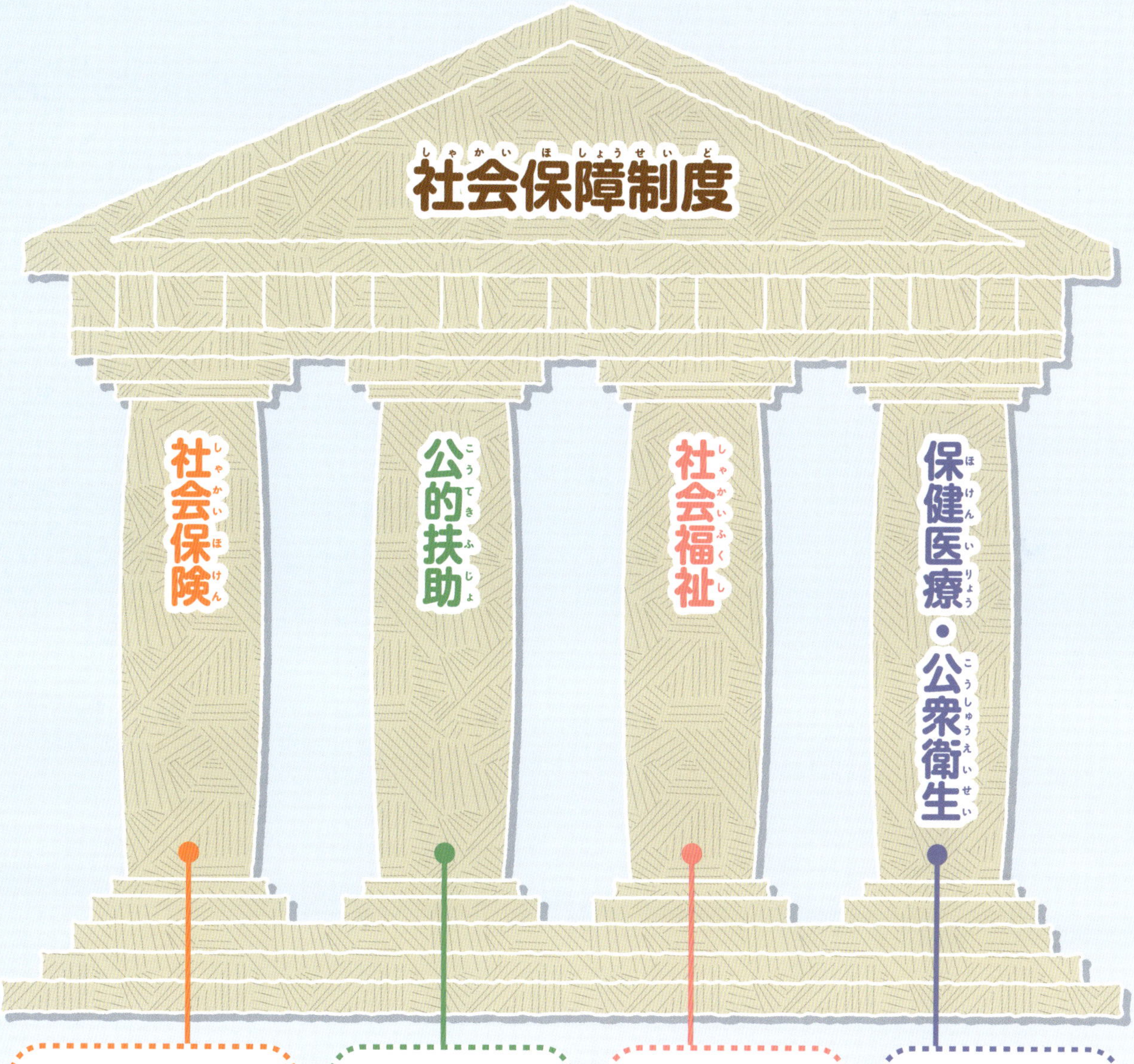

生涯《しょうがい》にわたって安定《あんてい》した生活《せいかつ》をささえる。国民《こくみん》はみんな加入《かにゅう》しなければならない。

- 医療保険《いりょうほけん》
- 年金保険《ねんきんほけん》
- 介護保険《かいごほけん》
- 労災保険《ろうさいほけん》
- 雇用保険《こようほけん》

生活《せいかつ》に困《こま》った人《ひと》のくらしをささえ、自立《じりつ》を助《たす》ける。

- 生活保護《せいかつほご》

社会《しゃかい》の中《なか》で立場《たちば》の弱《よわ》い人《ひと》たちの社会《しゃかい》生活《せいかつ》をささえる。

- 障害者福祉《しょうがいしゃふくし》
- 高齢者福祉《こうれいしゃふくし》
- 児童福祉《じどうふくし》
- 母子父子《ぼしふし》寡婦福祉《かふふくし》

国民《こくみん》の健康《けんこう》と公衆《こうしゅう》衛生《えいせい》をサポート。

- 医療《いりょう》サービス
- 保健事業《ほけんじぎょう》
- 母子保健《ぼしほけん》
- 公衆衛生《こうしゅうえいせい》

もっとふかぼり！

社会保障制度《しゃかいほしょうせいど》を知《し》っているのと知《し》らないのではこんなにちがう！

社会保障制度《しゃかいほしょうせいど》は、わたしたちの「生活《せいかつ》の困《こま》った」を助《たす》けてくれる制度《せいど》です。でも、知《し》らなければせっかくの制度《せいど》もないのと同《おな》じ。どんなときに、どんな制度《せいど》が利用《りよう》できて、どんな支援《しえん》を受《う》けられるのでしょうか。

高校生《こうこうせい》のとき、交通事故《こうつうじこ》にあって障《しょう》がいを負《お》い、車《くるま》いす生活《せいかつ》に…。

車《くるま》いすで生活《せいかつ》するため家《いえ》をリフォーム。
将来就職《しょうらいしゅうしょく》できるのか心配《しんぱい》。
生活《せいかつ》が大変《たいへん》になるな。

障害福祉《しょうがいふくし》サービス
障害年金《しょうがいねんきん》
を知《し》っていると

- 障害福祉《しょうがいふくし》サービスで食事《しょくじ》や入浴《にゅうよく》、トイレなどの介助《かいじょ》が受《う》けられる。
- 住宅《じゅうたく》のリフォーム代《だい》などが助成《じょせい》される。
- 20歳《さい》から、毎年障害年金《まいとししょうがいねんきん》が支給《しきゅう》される。

重《おも》い障《しょう》がいの人《ひと》は、毎年《まいとし》80万円弱《まんえんじゃく》の障害《しょうがい》年金《ねんきん》をもらえます。

幼《おさな》い弟《おとうと》と病気《びょうき》のお父《とう》さんのお世話《せわ》をしながら学校《がっこう》に通《かよ》っているけれど…。

弟《おとうと》とお父《とう》さんのお世話《せわ》。
勉強《べんきょう》の時間《じかん》がない。
働《はたら》くお母《かあ》さんのかわりに家事《かじ》。

スクールカウンセラー
学習支援事業《がくしゅうしえんじぎょう》
を知《し》っていると

- 学校《がっこう》のスクールカウンセラーが相談《そうだん》にのってくれる。
- 学習支援事業《がくしゅうしえんじぎょう》で、無料《むりょう》で勉強《べんきょう》を教《おし》えてもらえる。
- 家事《かじ》などの生活《せいかつ》をサポートしてくれる。

ひとりでやらなくてもだいじょうぶです。まずは相談《そうだん》から。

とつぜんアルバイトをクビに…。アパートの家賃《やちん》がはらえない。

お金《かね》がなくアパートを追《お》い出《だ》された。

収入《しゅうにゅう》なし。

仕事《しごと》が見《み》つからない。

生活者自立支援制度《せいかつしゃじりつしえんせいど》
生活保護制度《せいかつほごせいど》
を知《し》っていると

- 生活保護《せいかつほご》は、健康《けんこう》な若《わか》い人《ひと》でも利用《りよう》できる。
- 食費《しょくひ》や光熱費《こうねつひ》、家賃《やちん》や引越《ひっこ》しの費用《ひよう》をサポートしてくれる。
- 医療費《いりょうひ》や就職《しゅうしょく》のための技術習得《ぎじゅつしゅうとく》にかかる費用《ひよう》もサポート。

生活保護《せいかつほご》は、みんながもっている権利《けんり》です。

病気《びょうき》になって入院《にゅういん》・手術《しゅじゅつ》をしたら、治療費《ちりょうひ》の高《たか》さにびっくり…。

医療費《いりょうひ》が高《たか》い。

貯金《ちょきん》がなくなりこれからの生活《せいかつ》が不安《ふあん》。

○△病院《びょういん》
請求書《せいきゅうしょ》
100万円《まんえん》

高額療養費制度《こうがくりょうようひせいど》
を知《し》っていると

- 一定額《いっていがく》をこえた分《ぶん》が返《かえ》ってくる。所得《しょとく》の低《ひく》い人《ひと》はより少《すく》ない治療費《ちりょうひ》ですむ。

BANK
お金《かね》の心配《しんぱい》をしないで、安心《あんしん》して治療《ちりょう》が受《う》けられるね。

おばあちゃんが転《ころ》んで歩《ある》けなくなった。家族《かぞく》が自宅《じたく》で介護《かいご》してるけど…。

みんな介護《かいご》でへとへと。

介護《かいご》のために会社《かいしゃ》をやめなければならないか…。

介護保険制度《かいごほけんせいど》
介護休業《かいごきゅうぎょう》
を知《し》っていると

- 介護保険制度《かいごほけんせいど》をつかっておばあちゃんのケアも家事《かじ》も手伝《てつだ》ってもらえた。
- お父《とう》さんもお母《かあ》さんも、交《こう》たいで介護休業《かいごきゅうぎょう》をとって会社《かいしゃ》を休《やす》めた。
- みんなの負担《ふたん》が軽《かる》くなって笑顔《えがお》がふえた。

社会保障制度《しゃかいほしょうせいど》を知《し》っているのと知《し》らないのとでは大《おお》ちがいなんだねー！

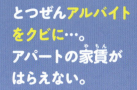

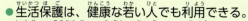

おしえて先生！

社会保障がない時代はどうしていたの？

個人の困りごとを国の責任でという発想はありませんでした。

古代の日本では、貧しいとき、ケガや病気のとき、介護や子育てで困ったときなどは、家族や地域の人たちで助けあっていました。西暦701年には「令」という法律でも、家族や地域で助けあうよう定められていました。このような考えは、江戸時代までつづきます。

明治時代になると、欧米と肩を並べるため、農村から都市へと労働者が流れこみ、都市には貧しい人々がふえました。そこで、1874年に日本ではじめて貧しい人々を救うための制度ができましたが、まったく不十分な内容でした。国の責任という発想はなく、国が保護しすぎると国民がなまける、家族の助けあいが大事、という考えがまだまだ主流だったのです。

戦後に、家族の問題は社会の問題として社会保障がととのっていきました。

1941年に太平洋戦争がはじまると、社会保障では戦争に役立つ事業だけに力が入れられました。反対に、戦争の足手まといになる高齢者や障がい者を救う道は、早くに切りすてられました。

戦争が終わり、日本国憲法が施行されたのが1947年。憲法第25条にある「生存権」が、社会保障の基本となります（→14ページ参照）。その後、社会保障制度は少しずつととのえられてきましたが、日本では社会保障にたよる前に、家族でなんとかしようとすることがいまでも少なくありません。とくに介護や家事、育児などは、これまでの歴史からいまだ女性の仕事とされがちです。家庭内での困りごとも、社会の問題として解決していく考えを、国民一人ひとりが理解し、それが実現できる制度をととのえていくことが大切です。

「女の人がやってあたり前」の社会を、みんなで変えていきましょう。

2章《しょう》

社《しゃ》会《かい》保《ほ》障《しょう》制《せい》度《ど》と制《せい》度《ど》にかかるお金《かね》

社会《しゃかい》保障《ほしょう》制度《せいど》ってくらしや健康《けんこう》を守《まも》ってくれるものなんだね
知《し》らなかった！
うん
うん
うむ ではその制度《せいど》をささえるためにはなにが必要《ひつよう》だと思《おも》いますか？
ゴロゴロ
働《はたら》く人《ひと》！ほら市役所《しやくしょ》の人《ひと》とかさ
ハイ！
病院《びょういん》
0円《えん》
お金《かね》もすっごくかかるんじゃない？
負担《ふたん》してくれてるんだよね？

その通《とお》り!
どちらも必要《ひつよう》で大切《たいせつ》ですね!
ではお金《かね》はどこからやってくるでしょう?
たしかにたくさんのお金《かね》はだれがはらっているんだろう?
どこかのお金《かね》もち?
今月《こんげつ》の分《ぶん》よ
ヒミツの金庫《きんこ》があるとか?
これでもうお金《かね》に困《こま》らないぞー!
なにかほりあてた?
!?
あ!国《くに》がお金《かね》をどんどん刷《す》っているんじゃない!?
あ、そうかも!パパッとね!
じゃあ実際《じっさい》はどうか見《み》ていきましょう
ヤレヤレ‥

社会《しゃかい》保障《ほしょう》制度《せいど》をささえるにはたくさんのお金《かね》がかかる

すべての国民《こくみん》をささえる社会《しゃかい》保障《ほしょう》制度《せいど》には、たくさんのお金《かね》がかかります。**年金《ねんきん》などで実際《じっさい》に支《し》はらわれた費用《ひよう》や、介護《かいご》などのサービスの提供《ていきょう》にかかった費用《ひよう》をあわせたものを「社会保障給付費《しゃかいほしょうきゅうふひ》」といいます。**社《しゃ》会保障給付費《かいほしょうきゅうふひ》は、社会保障《しゃかいほしょう》のためにかかったお金《かね》といえるでしょう。

ふかぼり

国《くに》の社会保障《しゃかいほしょう》の規模《きぼ》がわかる社会保障給付費《しゃかいほしょうきゅうふひ》

社会保障《しゃかいほしょう》にどのくらいのお金《かね》がかかっているのかを考《かんが》えるとき、いくつかの考《かんが》え方《かた》がありますが、なかでも、**現金《げんきん》の給付《きゅうふ》や、サービスの提供《ていきょう》にかかった費用《ひよう》だけを集計《しゅうけい》したのが「社会保障給付費《しゃかいほしょうきゅうふひ》」**です。

具体的《ぐたいてき》には、高齢者《こうれいしゃ》や障《しょう》がい者《しゃ》、遺族《いぞく》の生活《せいかつ》を守《まも》る年金《ねんきん》の給付《きゅうふ》や、仕事《しごと》がなく生活《せいかつ》に困《こま》っている人《ひと》への現金《げんきん》の給付《きゅうふ》、出産後《しゅっさんご》の生活《せいかつ》の安定《あんてい》のための現金《げんきん》の給付《きゅうふ》、介護《かいご》を必《ひつ》要《よう》としている人《ひと》へのサービスの提供《ていきょう》などがあります。

社会保障給付費《しゃかいほしょうきゅうふひ》は、国全体《くにぜんたい》の社会保障《しゃかいほしょう》がどのくらいの規模《きぼ》なのか、ほかの国《くに》とくらべてどうなのかを考《かんが》える上《うえ》で役立《やくだ》ちます。

memo《メモ》

社会保障給付費《しゃかいほしょうきゅうふひ》について

社会保障給付費《しゃかいほしょうきゅうふひ》には、病院《びょういん》の窓口《まどぐち》などで個人《こじん》が支《し》はらったお金《かね》や、社会保障《しゃかいほしょう》の作業《さぎょう》にかかわる職員《しょくいん》の給料《きゅうりょう》などの費用《ひよう》、施設《しせつ》を管理《かんり》したり、運営《うんえい》したりするお金《かね》はふくまれていません。

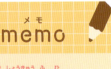

実際《じっさい》の社会《しゃかい》保《ほ》障《しょう》給《きゅう》付《ふ》費《ひ》はどのくらい？

下《した》の円《えん》グラフは、2022年度《ねんど》の社会保障給付費《しゃかいほしょうきゅうふひ》の内訳《うちわけ》です。この年《とし》に実《じっ》際《さい》にかかった社会保障給付費《しゃかいほしょうきゅうふひ》は約《やく》138兆円《ちょうえん》。なかでも年金《ねんきん》と医療《いりょう》が多《おお》く、そのふたつで約《やく》75%をしめています。

国立社会保障《こくりつしゃかいほしょう》・人口問題研究所《じんこうもんだいけんきゅうしょ》「令和《れいわ》4（2022）年度社会保障費用統計《ねんどしゃかいほしょうひようとうけい》」より

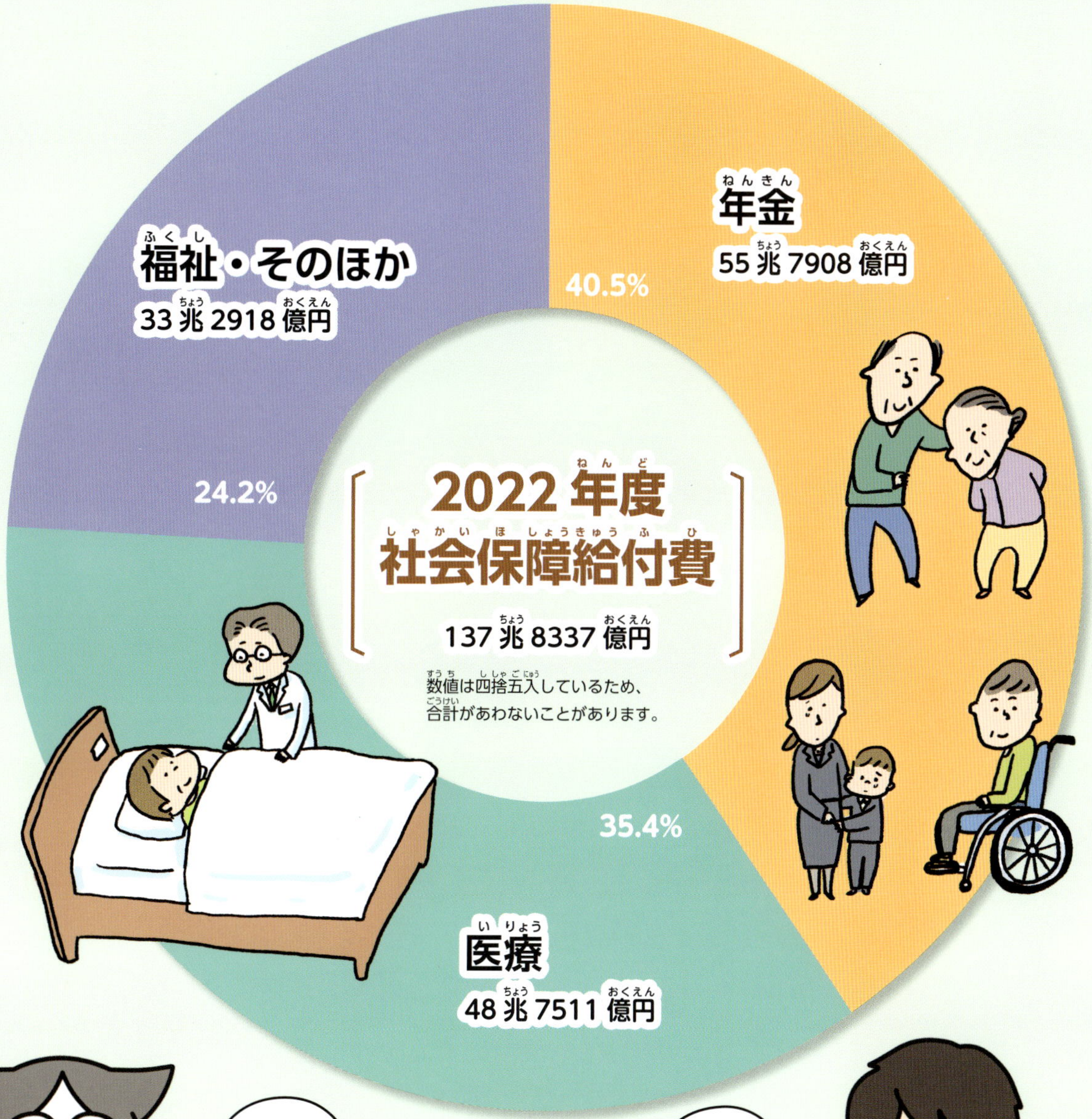
年金《ねんきん》
55兆《ちょう》7908億円《おくえん》
40.5%
福祉《ふくし》・そのほか
33兆《ちょう》2918億円《おくえん》
24.2%
医療《いりょう》
48兆《ちょう》7511億円《おくえん》
35.4%
2022年度《ねんど》
社会保障給付費《しゃかいほしょうきゅうふひ》
137兆《ちょう》8337億円《おくえん》
数値《すうち》は四捨五入《ししゃごにゅう》しているため、合計《ごうけい》があわないことがあります。

年金《ねんきん》と医療《いりょう》が多《おお》いんだなあ。

高齢者《こうれいしゃ》がふえているから、年金《ねんきん》と医療《いりょう》はたいせつなんです。

社会《しゃかい》保障《ほしょう》制度《せいど》をささえるお金《かね》のおよそ半分《はんぶん》は加入者《かにゅうしゃ》がおさめる社会《しゃかい》保険料《ほけんりょう》

社会保障制度《しゃかいほしょうせいど》でお金《かね》やサービスを提供《ていきょう》するには、そのための**財源《ざいげん》（もとになるお金《かね》）**が必要《ひつよう》です。おもな財源《ざいげん》となっているのが、社会保険《しゃかいほけん》の加入者《かにゅうしゃ》がおさめる**保険料《ほけんりょう》**と、**国民《こくみん》がおさめる税金《ぜいきん》**です。保険料《ほけんりょう》は、財源《ざいげん》のおよそ半分《はんぶん》をしめていて、国民《こくみん》や会社《かいしゃ》などから毎月《まいつき》あつめられています。

ふかぼり

国民《こくみん》みんなの加入《かにゅう》によって社会保険《しゃかいほけん》がささえられている

社会保障給付費《しゃかいほしょうきゅうふひ》の中《なか》でも、大《おお》きな割合《わりあい》をしめるのが年金《ねんきん》や医療《いりょう》などの社会保険《しゃかいほけん》です。だから、その加入者《かにゅうしゃ》からあつめる保険料《ほけんりょう》はとてもたいせつです。そのため、**一定《いってい》の要件《ようけん》を満《み》たす国民《こくみん》は、みな社会保険《しゃかいほけん》に加入《かにゅう》する**ことになっています。これが社会保険《しゃかいほけん》の大《おお》きな特《とく》ちょうです。たくさんの人《ひと》が加入《かにゅう》することで、安定《あんてい》して制度《せいど》を運用《うんよう》することができるのです。

会社《かいしゃ》などに勤《つと》めている人《ひと》は、毎月《まいつき》、医療《いりょう》保険《ほけん》、年金《ねんきん》保険《ほけん》、労働《ろうどう》保険《ほけん》などの社会保険《しゃかいほけん》料《りょう》を給料《きゅうりょう》から引《ひ》かれています。**勤《つと》め先《さき》と、保険料《ほけんりょう》を半分《はんぶん》ずつ負担《ふたん》し、勤《つと》め先《さき》がまとめて国《くに》の関係機関《かんけいきかん》におさめます。**自営業《じえいぎょう》の人《ひと》は、直接《ちょくせつ》自分《じぶん》でおさめます。ただし実際《じっさい》の社会保障《しゃかいほしょう》の給付《きゅうふ》には、社会保険料《しゃかいほけんりょう》だけではとてもたりません。そこで、国《くに》や地方《ちほう》の税金《ぜいきん》なども財源《ざいげん》としてつかわれています。

公務員《こうむいん》も、少《すこ》しちがいはありますが、だいたい似《に》たようなしくみです。

社会保障制度《しゃかいほしょうせいど》をささえている財源《ざいげん》

社会保障制度《しゃかいほしょうせいど》では、社会保険料《しゃかいほけんりょう》のほか、税金《ぜいきん》や国《くに》の資産《しさん》なども財源《ざいげん》となっています。社会保障《しゃかいほしょう》給付費《きゅうふひ》や施設《しせつ》の管理費《かんりひ》などにあてられているお金《かね》のことを、社会保障財源《しゃかいほしょうざいげん》といいます。

2022年度《ねんど》 社会保障財源《しゃかいほしょうざいげん》の内訳《うちわけ》

152兆《ちょう》9922億円《おくえん》

国立社会保障《こくりつしゃかいほしょう》・人口問題研究所《じんこうもんだいけんきゅうしょ》「令和《れいわ》4（2022）年度社会保障費用統計《ねんどしゃかいほしょうひようとうけい》」より

数値《すうち》は四捨五入《ししゃごにゅう》しているため、合計《ごうけい》があわないことがあります。

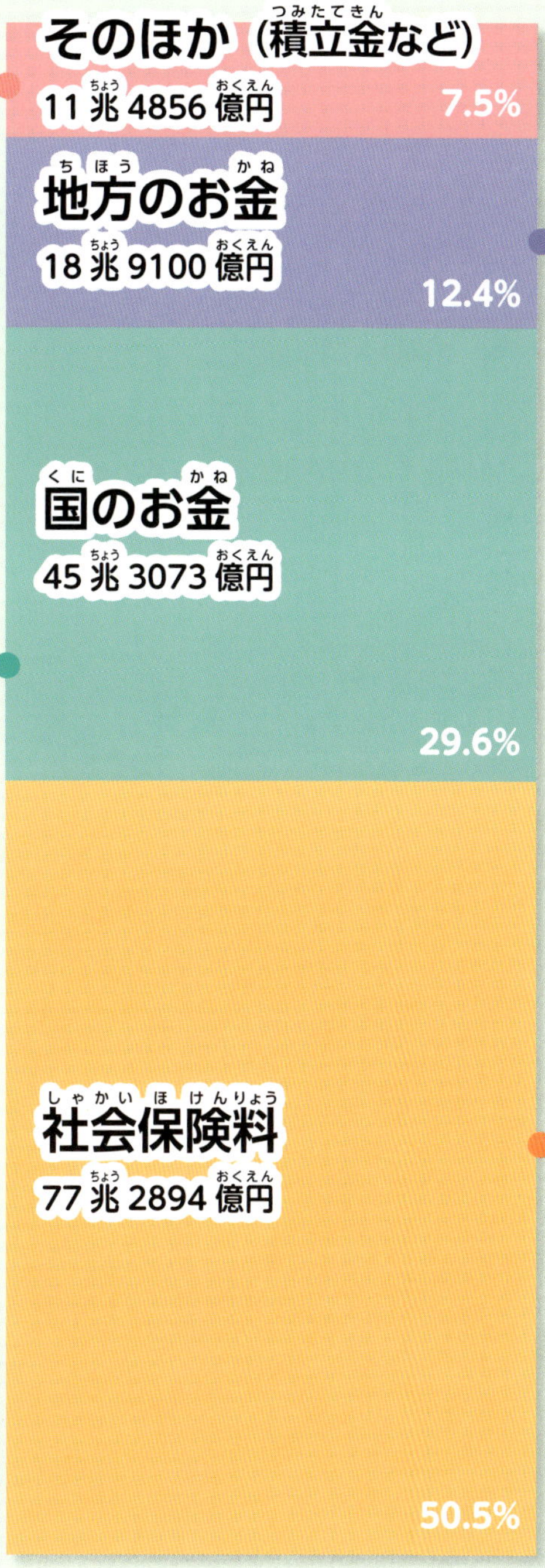

そのほか（積立金《つみたてきん》など）
11兆《ちょう》4856億円《おくえん》
7.5%
地方《ちほう》のお金《かね》
18兆《ちょう》9100億円《おくえん》
12.4%
国《くに》のお金《かね》
45兆《ちょう》3073億円《おくえん》
29.6%
社会保険料《しゃかいほけんりょう》
77兆《ちょう》2894億円《おくえん》
50.5%

保険料《ほけんりょう》の一部《いちぶ》を積《つ》み立《た》てておき、それで得《え》た資産《しさん》など。

保険《ほけん》
保険《ほけん》
保険《ほけん》
保険《ほけん》

地方公共団体《ちほうこうきょうだんたい》におさめた住民税《じゅうみんぜい》や固定資産税《こていしさんぜい》などの税金《ぜいきん》。

おさめます！
税《ぜい》

国《くに》におさめた消費税《しょうひぜい》などの税金《ぜいきん》や国債《こくさい》。国債《こくさい》とは、国《くに》がお金《かね》をあつめるために発行《はっこう》する借用証書《しゃくようしょうしょ》（債券《さいけん》）のこと（→42ページ参照《さんしょう》）。

社会保険料《しゃかいほけんりょう》には、年金保険料《ねんきんほけんりょう》、医療保険料《いりょうほけんりょう》、労働保険料《ろうどうほけんりょう》、介護保険料《かいごほけんりょう》などがある。

社会保障給付費《しゃかいほしょうきゅうふひ》はつかったお金《かね》、財源《ざいげん》はそのためのたくわえってことか。

もっとふかぼり!

保険《ほけん》ってどんなもの？

保険《ほけん》とは、加入《かにゅう》した人《ひと》が少《すこ》しずつお金《かね》（保険料《ほけんりょう》）を出《だ》しあって、加入《かにゅう》した人《ひと》のだれかに困《こま》ったことがおきたとき、そのお金《かね》の一部《いちぶ》をつかって助《たす》けあうしくみです。なかでも社会保険《しゃかいほけん》は国《くに》の保険《ほけん》で、年齢《ねんれい》など一定《いってい》の要件《ようけん》を満《み》たす人《ひと》は、かならず加入《かにゅう》しなければなりません。これを「強制加入《きょうせいかにゅう》」といいます。おさめる社会保険料《しゃかいほけんりょう》の金額《きんがく》は、収入《しゅうにゅう》や仕事《しごと》によってちがいます。

要件《ようけん》を
満《み》たす人《ひと》は
かならず加入《かにゅう》
する

保険《ほけん》

医療保険《いりょうほけん》

日本《にほん》に住《す》んでいるだれもが、なんらかの公的《こうてき》な医療保険《いりょうほけん》に入《はい》っている。病院《びょういん》でかかった医療費《いりょうひ》の７～９割《わり》を医療《いりょう》保険《ほけん》が負担《ふたん》してくれるため、個人《こじん》の支《し》はらいは１～３割《わり》ですむ。

年金保険《ねんきんほけん》

年《とし》をとったり、障《しょう》がいを負《お》ったりするなどして働《はたら》けなくなったら、年金《ねんきん》というお金《かね》が支給《しきゅう》される。年金《ねんきん》に必要《ひつよう》なお金《かね》はいま働《はたら》く人《ひと》たちがおさめ、その人《ひと》たちが年《とし》をとったときの年金《ねんきん》は、次《つぎ》の世代《せだい》がおさめるというしくみ。

フムフム…
ひとりではとても対応《たいおう》できないことでも、大勢《おおぜい》で助《たす》けあうことで、のりこえていこうという考《かんが》えを「相互扶助《そうごふじょ》」といいます。

メモ
memo

強制加入《きょうせいかにゅう》のわけ

社会保険《しゃかいほけん》に入《はい》りたい人《ひと》だけが入《はい》るしくみだと、たくさんお金《かね》が必要《ひつよう》なのに、十分《じゅうぶん》なお金《かね》があつまらない。すべての国民《こくみん》が加入《かにゅう》することで多《おお》くのお金《かね》があつまり、多《おお》くの人《ひと》に、いろいろな保障《ほしょう》をすることができる。

介護保険《かいごほけん》

40歳《さい》から加入《かにゅう》する保険《ほけん》で、基本的《きほんてき》には65歳以上《さいいじょう》の人《ひと》が、高齢《こうれい》によって生活《せいかつ》の助《たす》けが必要《ひつよう》となったときに利用《りよう》できる。そうじや洗《せん》たくなど家事《かじ》の援助《えんじょ》や、食事《しょくじ》や入浴《にゅうよく》の介助《かいじょ》、手《て》すりをつける費用《ひよう》を出《だ》すなど、個人《こじん》で必要《ひつよう》な支援《しえん》をえらべる。

社会《しゃかい》

労働保険《ろうどうほけん》

アルバイトやパートタイマーもふくめて、雇《やと》われている労働者《ろうどうしゃ》をささえるのが労働保険《ろうどうほけん》。仕事中《しごとちゅう》の病気《びょうき》や事故《じこ》で働《はたら》けないとき、失業《しつぎょう》したとき、育児《いくじ》のための休業中《きゅうぎょうちゅう》などに給付金《きゅうふきん》が支《し》はらわれる。

たいせつな社会《しゃかい》保《ほ》障《しょう》制《せい》度《ど》をささえる財《ざい》源《げん》
国《くに》のお金《かね》と地《ち》方《ほう》のお金《かね》

社会《しゃかい》保《ほ》障《しょう》制《せい》度《ど》につかわれるお金《かね》の半分《はんぶん》は、**加入者《かにゅうしゃ》の保険料《ほけんりょう》**でまかなわれています。しかし、それではとてもたりないため、**国《くに》のお金《かね》や地方《ちほう》のお金《かね》、つまり「税《ぜい》金《きん》」がつかわれています**。税金《ぜいきん》のつかい道《みち》にはいろいろありますが、税金《ぜいきん》の中《なか》で、社会《しゃかい》保《ほ》障《しょう》につかわれている国《くに》のお金《かね》を**「社会《しゃかい》保《ほ》障《しょう》関《かん》係《けい》費《ひ》」**といいます。

ふかぼり

国《くに》の社会《しゃかい》保《ほ》障《しょう》関《かん》係《けい》費《ひ》と地《ち》方《ほう》の税《ぜい》金《きん》

国《くに》は毎年《まいとし》、国《くに》のお金《かね》をどの分野《ぶんや》にどのくらいつかえばいいか、4月《がつ》から翌年《よくねん》3月《がつ》までの一年間《いちねんかん》の予算《よさん》を、国会《こっかい》で決《き》めています。そのときに、社会《しゃかい》保《ほ》障《しょう》のためのお金《かね》である「社会《しゃかい》保《ほ》障《しょう》関《かん》係《けい》費《ひ》」の予算《よさん》も決《き》まります。

左《ひだり》の円《えん》グラフにあるように、**２０２４年《ねん》度《ど》の国《くに》の予算《よさん》の中《なか》で、社会《しゃかい》保《ほ》障《しょう》関《かん》係《けい》費《ひ》が全《ぜん》体《たい》の33.5%といちばん多《おお》く**なっています（↓34ページ参照《さんしょう》）。すべての国民《こくみん》のくらしを守《まも》る社会《しゃかい》保《ほ》障《しょう》のたいせつさがわかります。この社会《しゃかい》保《ほ》障《しょう》関《かん》係《けい》費《ひ》から、社会《しゃかい》保《ほ》険《けん》料《りょう》ではたりない費用《ひよう》を出《だ》したり、保険料《ほけんりょう》をあつかう機関《きかん》の職員《しょくいん》の給料《きゅうりょう》や、施設《しせつ》の運営《うんえい》・管理費《かんりひ》などを出《だ》したりしているのです。

そのほかにも、地方公共団体《ちほうこうきょうだんたい》の予算《よさん》からもお金《かね》を提供《ていきょう》しています（↓38ページ参照《さんしょう》）。

2024年度《ねんど》の国《くに》の予算《よさん》

国《くに》の基本的《きほんてき》な活動《かつどう》のために必要《ひつよう》な経費《けいひ》を一般会計《いっぱんかいけい》というんですよ。

2024年度《ねんど》の社会保障関係費《しゃかいほしょうかんけいひ》は、前《まえ》の年《とし》より約《やく》8500億円《おくえんおお》多い37.7兆円《ちょうえん》です。その中《なか》で、もっとも多《おお》いのが年金《ねんきん》の13.4兆円《ちょうえん》、次《つぎ》が医療費《いりょうひ》の12.4兆円《ちょうえん》です。

数値《すうち》は四捨五入《ししゃごにゅう》しているため、合計《ごうけい》があわないことがあります。

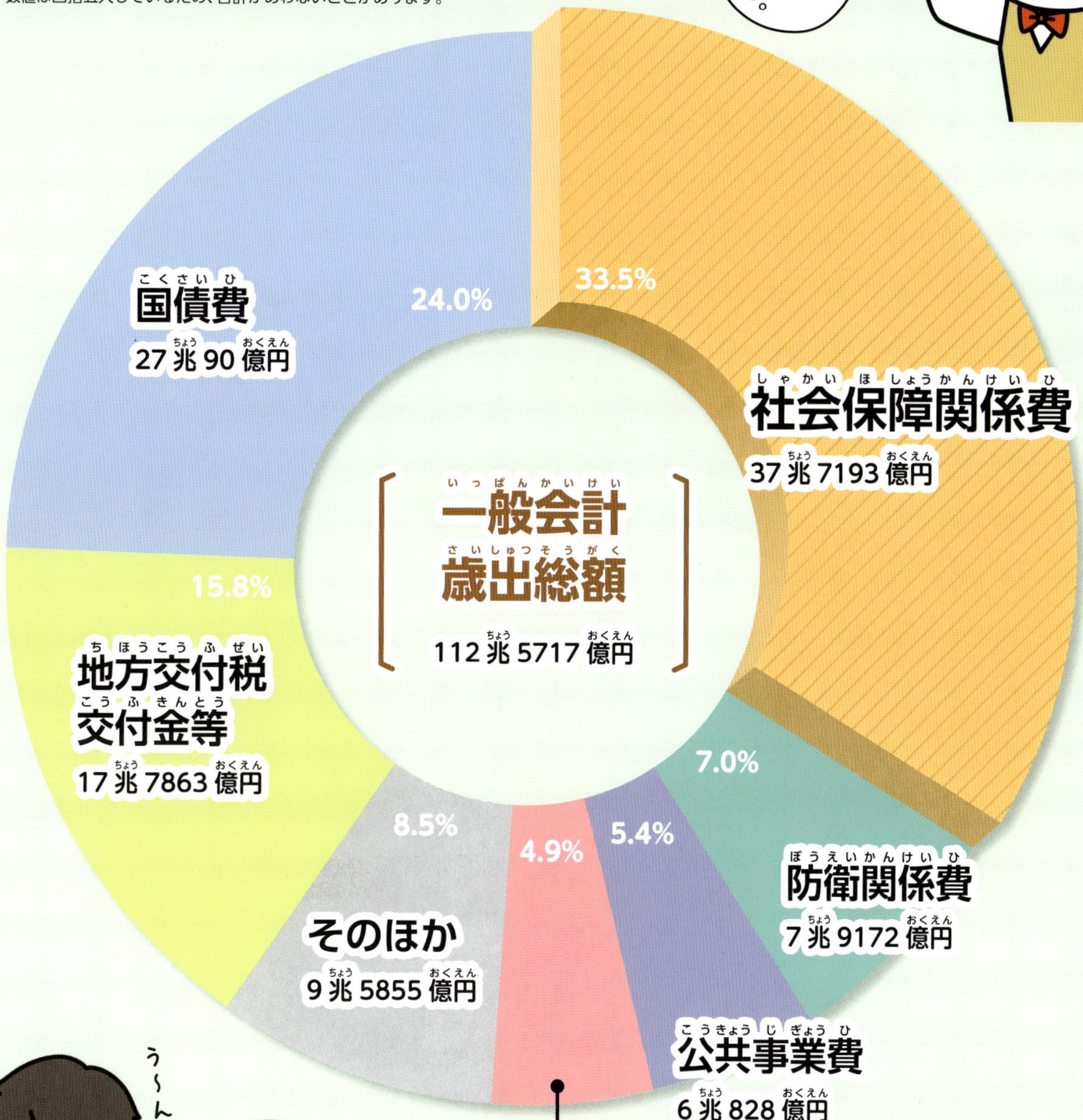
一般会計《いっぱんかいけい》
歳出総額《さいしゅつそうがく》
112兆《ちょう》5717億円《おくえん》
33.5%
社会保障関係費《しゃかいほしょうかんけいひ》
37兆《ちょう》7193億円《おくえん》
24.0%
国債費《こくさいひ》
27兆《ちょう》90億円《おくえん》
15.8%
地方交付税《ちほうこうふぜい》
交付金等《こうふきんとう》
17兆《ちょう》7863億円《おくえん》
8.5%
そのほか
9兆《ちょう》5855億円《おくえん》
4.9%
文教《ぶんきょう》および
科学振興費《かがくしんこうひ》
5兆《ちょう》4716億円《おくえん》
5.4%
公共事業費《こうきょうじぎょうひ》
6兆《ちょう》828億円《おくえん》
7.0%
防衛関係費《ぼうえいかんけいひ》
7兆《ちょう》9172億円《おくえん》

う〜ん
税金《ぜいきん》って、だれが、どんなときにおさめるのかな？

※それぞれの予算《よさん》については
36～37ページ参照《さんしょう》。

税金《ぜいきん》ってどんなお金《かね》？

税金《ぜいきん》は、わたしたちが国《くに》や地域《ちいき》で安心《あんしん》してくらしていくためのお金《かね》です。国《くに》を運営《うんえい》するためにおさめる税金《ぜいきん》を「国税《こくぜい》」といい、地域《ちいき》のくらしに役立《やくだ》つよう地方公共団体《ちほうこうきょうだんたい》におさめる税金《ぜいきん》を「地方税《ちほうぜい》」といいます。日本《にほん》には約《やく》50 種類《しゅるい》の税金《ぜいきん》があり、種類《しゅるい》ごとにつかい道《みち》もあつめ方《かた》もちがいます。

国《くに》におさめるおもな「国税《こくぜい》」

ものを買《か》ったときに支《し》はらう

消費税《しょうひぜい》

商品《しょうひん》を買《か》ったりサービスを受《う》けたりしたときにはらう税金《ぜいきん》。これから高齢者《こうれいしゃ》がふえるため、社会保《しゃかいほ》障《しょう》にそなえようと、1989 年《ねん》にはじまった税金《ぜいきん》。最初《さいしょ》は 3% だったが、2019 年《ねん》に 10%(一部《いちぶ》は 8%) となり、社会保障《しゃかいほしょう》をささえている。

個人《こじん》がもうけたお金《かね》にかかる

所得税《しょとくぜい》

働《はたら》いて得《え》たお金《かね》や年金《ねんきん》などの利益《りえき》(もうけ) を所得《しょとく》といい、それにかかる税金《ぜいきん》が所得税《しょとくぜい》。所得《しょとく》が多《おお》い人《ひと》と少《すく》ない人《ひと》の差《さ》を小《ちい》さくするため、所得《しょとく》が多《おお》い人《ひと》ほどおさめる所得税《しょとくぜい》も多《おお》くなる。

会社《かいしゃ》や組織《そしき》がもうけたお金《かね》にかかる

法人税《ほうじんぜい》

個人《こじん》に対《たい》して、会社《かいしゃ》や組織《そしき》などのことを法人《ほうじん》という。法人税《ほうじんぜい》は、法人《ほうじん》がもうけた所得《しょとく》にかかる税金《ぜいきん》のこと。ただし、所得《しょとく》がマイナス（赤字《あかじ》）になった年《とし》はおさめなくてもいい。

財産《ざいさん》を相続《そうぞく》したときにおさめる

相続税《そうぞくぜい》

亡《な》くなった人《ひと》のお金《かね》や土地《とち》などの財産《ざいさん》を、ゆずり受《う》けるときにおさめる税金《ぜいきん》のこと。相続《そうぞく》した額《がく》によって、おさめる額《がく》が決《き》まっている。

地方公共団体《ちほうこうきょうだんたい》におさめる「地方税《ちほうぜい》」

住《す》んでいる地方公共団体《ちほうこうきょうだんたい》におさめる

住民税《じゅうみんぜい》

一定《いってい》の所得《しょとく》がある人《ひと》はおさめなければならない税金《ぜいきん》。自分《じぶん》が住《す》んでいる都道府県《とどうふけん》におさめる税金《ぜいきん》と、市区町村《しくちょうそん》におさめる税金《ぜいきん》があり、ふたつをあわせて住民税《じゅうみんぜい》という。地域《ちいき》の公共《こうきょう》サービスなどにつかわれる。

もっている土地《とち》や建物《たてもの》にかかる

固定資産税《こていしさんぜい》

自分《じぶん》がもっている土地《とち》や建物《たてもの》、工場《こうじょう》、山《やま》などの不動産《ふどうさん》のほか、会社《かいしゃ》のコピー機《き》などの備品《びひん》、事業《じぎょう》でつかっている機械《きかい》などにかかる税金《ぜいきん》。市町村《しちょうそん》に（東京都《とうきょうと》の23区《く》は都《と》に）おさめる。

決《き》められた業種《ぎょうしゅ》がおさめる

事業税《じぎょうぜい》

個人《こじん》で事業《じぎょう》をしている人《ひと》は、所得税《しょとくぜい》や法人税《ほうじんぜい》のほかに事業税《じぎょうぜい》をおさめる。対象《たいしょう》となる業種《ぎょうしゅ》は、飲食店業《いんしょくてんぎょう》、販売業《はんばいぎょう》、畜産業《ちくさんぎょう》、水産業《すいさんぎょう》、医業《いぎょう》などさまざま。

消費税《しょうひぜい》の一部《いちぶ》が地方税《ちほうぜい》となる

地方消費税《ちほうしょうひぜい》

商品《しょうひん》を買《か》ったりサービスを受《う》けたりしたとき、料金《りょうきん》に10%上乗《うわの》せされて支《し》はらった消費税《しょうひぜい》は、いったん国《くに》におさめられてから、2.2%分《ぶん》が地方消費税《ちほうしょうひぜい》として地方《ちほう》におくられる。

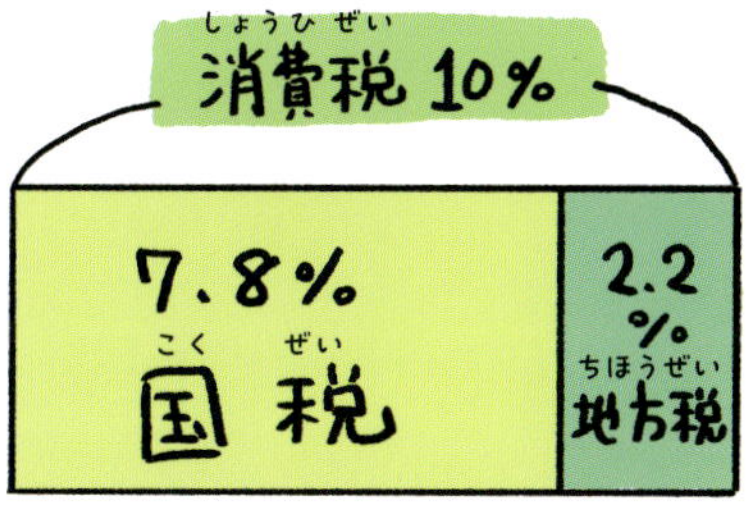

ほかにもいろいろな税金《ぜいきん》がある

ガソリン税《ぜい》

自動車《じどうしゃ》などの燃料《ねんりょう》となるガソリンにかかる税金《ぜいきん》。ガソリン代《だい》にふくまれている。

酒税《しゅぜい》

お酒《さけ》にかかる税金《ぜいきん》。お酒《さけ》の種類《しゅるい》によって税金《ぜいきん》の割合《わりあい》がちがい、缶《かん》ビールの値段《ねだん》は、約《やく》4分《ぶん》の1が酒税《しゅぜい》。

入湯税《にゅうとうぜい》

温泉浴場《おんせんよくじょう》を利用《りよう》する人《ひと》が支《し》はらう税金《ぜいきん》。温泉地《おんせんち》の市町村《しちょうそん》には大切《たいせつ》な財源《ざいげん》となっている。

社会保障関係費《しゃかいほしょうかんけいひ》の約《やく》7割《わり》は年金《ねんきん》と医療《いりょう》につかわれている

国《くに》の予算全体《よさんぜんたい》の3分《ぶん》の1をしめている「社会保障関係費《しゃかいほしょうかんけいひ》」は、おもに**年金《ねんきん》**、**医療《いりょう》**、**介護《かいご》**、**福祉《ふくし》**、**生活保護《せいかつほご》**の分野《ぶんや》につかわれています。**なかでも多《おお》くつかわれているのが、年金《ねんきん》と医療《いりょう》の分野《ぶんや》です。**年金《ねんきん》も医療《いりょう》も、国民《こくみん》が安心《あんしん》して年《とし》をとるために、とくに必要《ひつよう》な分野《ぶんや》だからです。

ふかぼり

年金《ねんきん》と医療《いりょう》にかかるお金《かね》がふえている

2024年度《ねんど》の社会保障関係費《しゃかいほしょうかんけいひ》は、左《ひだり》のグラフでもわかるように、37兆《ちょう》7193億円《おくえん》です。このうち、**約《やく》7割《わり》の25兆《ちょう》7688億《おく》円《えん》が、年金《ねんきん》と医療《いりょう》につかわれています。**

医療《いりょう》の進歩《しんぽ》によって平均寿命《へいきんじゅみょう》がのび、高《こう》齢者《れいしゃ》がふえていますが、その分《ぶん》支《し》はらう年《ねん》金《きん》の額《がく》はふえ、治療《ちりょう》を受《う》ける高齢者《こうれいしゃ》もふえていると考《かんが》えられます。

28ページで説明《せつめい》したように、日本《にほん》ではすべての国民《こくみん》が、公的《こうてき》な医療保険《いりょうほけん》に加入《かにゅう》し、保険料《ほけんりょう》を支《し》はらうかわりに、多《おお》くの医療費《いりょうひ》が保険料《ほけんりょう》でまかなわれる「国民皆保険《こくみんかいほけん》」です。これによってわたしたちは、どんなときでも安心《あんしん》して治療《ちりょう》を受《う》けることができますが、国《くに》が負担《ふたん》する医療費《いりょうひ》も大《おお》きくなります。みんなが安心《あんしん》して長生《ながい》きするためには、たくさんの予算《よさん》が必要《ひつよう》なのです。

たいせつな年金《ねんきん》と医療費《いりょうひ》の財源《ざいげん》をどうするかが、社会保障《しゃかいほしょう》の大《おお》きな課題《かだい》なんだよ。

社会保障関係費《しゃかいほしょうかんけいひ》はこんなところにつかわれている

社会保障関係費《しゃかいほしょうかんけいひ》の多《おお》くは、社会保険《しゃかいほけん》をささえるためにつかわれます。年金《ねんきん》と医療以外《いりょういがい》には、高齢者《こうれいしゃ》のための介護給付費《かいごきゅうふひ》や、子育《こそだ》て支援《しえん》などの社会福祉関係《しゃかいふくしかんけい》もふえています。

どの予算《よさん》も
大事《だいじ》だなあ！
これがなくなったら
たいへんだ…。

2024年度一般会計予算《ねんどいっぱんかいけいよさん》の 社会保障関係費《しゃかいほしょうかんけいひ》

37兆《ちょう》7193億円《おくえん》

福祉《ふくし》・その他《ほか》
8兆《ちょう》2217億円《おくえん》
21.8%
介護《かいご》
3兆《ちょう》7288億円《おくえん》
9.9%
医療《いりょう》
12兆《ちょう》3668億円《おくえん》
32.8%
年金《ねんきん》
13兆《ちょう》4020億円《おくえん》
35.5%

障害福祉《しょうがいふくし》サービスや、子育《こそだ》て支援《しえん》などの少子化対策《しょうしかたいさく》にあてている。

高齢者《こうれいしゃ》の介護保険《かいごほけん》サービス利用料《りようりょう》を介護給付費《かいごきゅうふひ》として負担《ふたん》している。

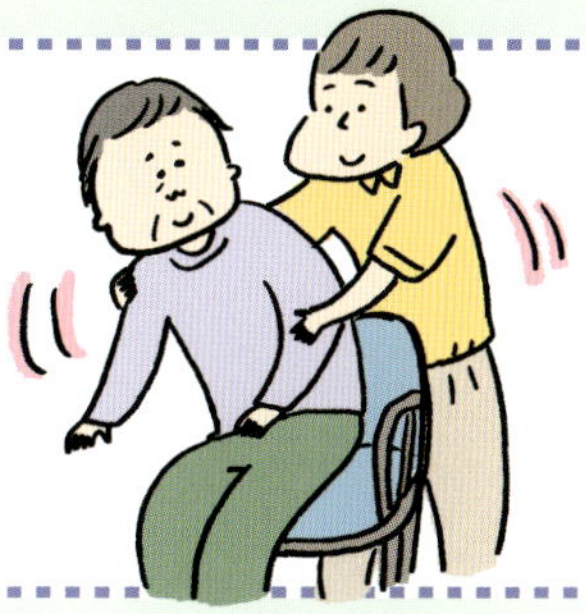

国民健康保険《こくみんけんこうほけん》のほか、後期高齢者《こうきこうれいしゃ》(75歳以上《さいいじょう》)などの医療費《いりょうひ》を負担《ふたん》している。

〇△病院

会社《かいしゃ》などにつとめた人《ひと》に支《し》はらわれる厚生年金《こうせいねんきん》と、国民全員《こくみんぜんいん》に支《し》はらわれる国民年金《こくみんねんきん》。

社会保障関係費《しゃかいほしょうかんけいひ》だけではない そのほかの税金《ぜいきん》のつかい道《みち》

税金《ぜいきん》は、災害《さいがい》のときの復旧作業《ふっきゅうさぎょう》などでも役立《やくだ》てられているのです。

税金《ぜいきん》は、国民《こくみん》が安心《あんしん》してくらすために、幅広《はばひろ》い分野《ぶんや》でつかわれています。35 ページで説明《せつめい》した社会保障関係費《しゃかいほしょうかんけいひ》のほかに、どんなつかい道《みち》があるのでしょうか。国《くに》や地方公共団体《ちほうこうきょうだんたい》が 1 年間《ねんかん》につかうお金《かね》を歳出《さいしゅつ》といいます。ここでは 2024 年度《ねんど》の国《くに》の歳出《さいしゅつ》をみてみましょう。

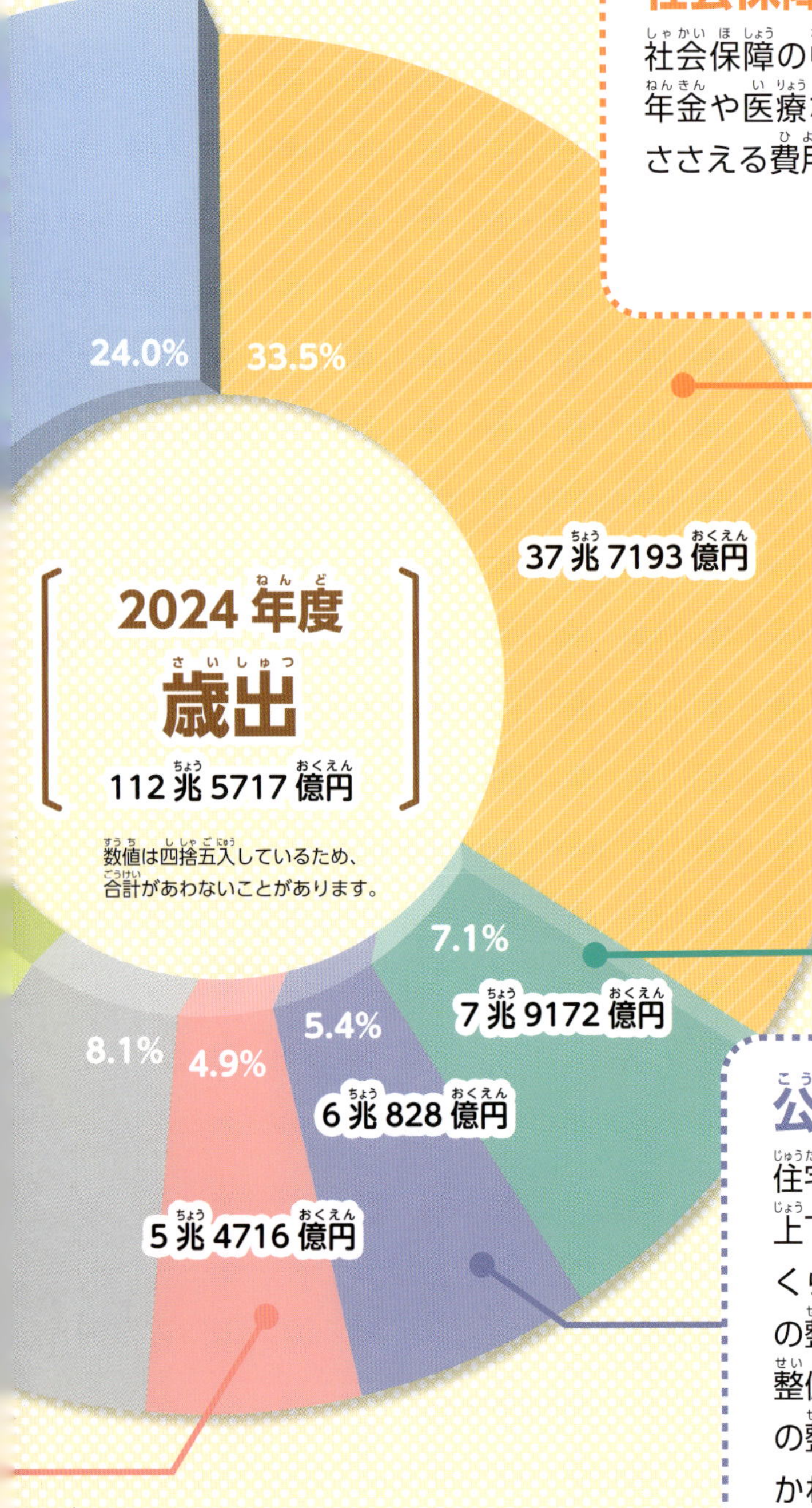
24.0%
33.5%
37 兆《ちょう》 7193 億円《おくえん》
2024 年度《ねんど》
歳出《さいしゅつ》
112 兆《ちょう》 5717 億円《おくえん》
7.1%
7 兆《ちょう》 9172 億円《おくえん》
5.4%
6 兆《ちょう》 828 億円《おくえん》
8.1%
4.9%
5 兆《ちょう》 4716 億円《おくえん》

数値《すうち》は四捨五入《ししゃごにゅう》しているため、合計《ごうけい》があわないことがあります。

社会保障関係費《しゃかいほしょうかんけいひ》

社会保障《しゃかいほしょう》の中《なか》でも、おもに年金《ねんきん》や医療《いりょう》など社会保険《しゃかいほけん》をささえる費用《ひよう》。

年金《ねんきん》

防衛関係費《ぼうえいかんけいひ》

自衛隊《じえいたい》の運営《うんえい》などにつかわれる。全体《ぜんたい》の 3 分《ぶん》の 1 が、隊員《たいいん》の給料《きゅうりょう》や食事代《しょくじだい》につかわれている。そのほか、災害時《さいがいじ》の自衛隊《じえいたい》の救助活動《きゅうじょかつどう》や海外《かいがい》での平和維持活動《へいわいじかつどう》、ミサイルの開発《かいはつ》や整備《せいび》などにもつかわれている。

公共事業費《こうきょうじぎょうひ》

住宅《じゅうたく》や道路《どうろ》、橋《はし》、鉄道《てつどう》、公園《こうえん》、上下水道《じょうげすいどう》など、わたしたちのくらしに欠《か》かせない公共施設《こうきょうしせつ》の整備費《せいびひ》にあてられる。道路《どうろ》整備《せいび》などのほか、農地《のうち》や漁場《ぎょじょう》の整備《せいび》、災害復旧《さいがいふっきゅう》などにもつかわれる。

27兆《ちょう》90億円《おくえん》も
借金《しゃっきん》を返《かえ》しているの?
たいへんだ!

国債費《こくさいひ》

国債《こくさい》とは、国《くに》が銀行《ぎんこう》や国民《こくみん》などから借《か》りているお金《かね》のこと。国《くに》がつかうお金《かね》のうち、税金《ぜいきん》でたりない分《ぶん》は、国《くに》が銀行《ぎんこう》や国民《こくみん》からお金《かね》を借《か》りてまかなっている。国債《こくさい》は期限《きげん》までに返《かえ》さなければならず、その返済《へんさい》や利息《りそく》の支《し》はらいなどにつかわれるのが国債費《こくさいひ》。

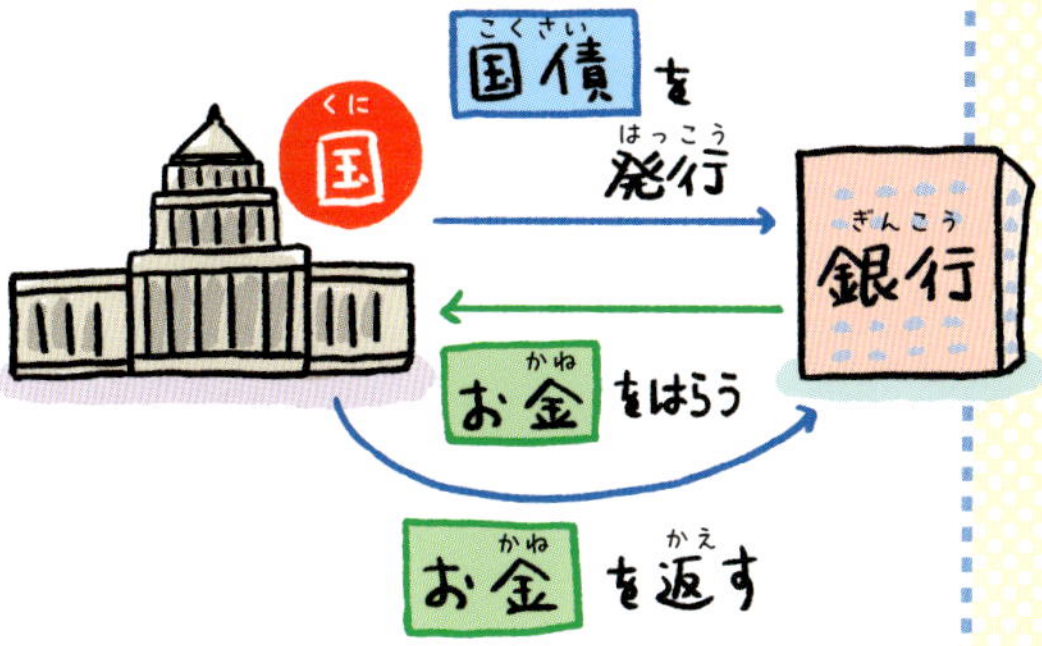
国《くに》
国債《こくさい》を
発行《はっこう》
銀行《ぎんこう》
お金《かね》をはらう
お金《かね》を返《かえ》す

地方交付税交付金等《ちほうこうふぜいこうふきんとう》

税収《ぜいしゅう》の多《おお》い地域《ちいき》へは少《すく》なく、少《すく》ない地域《ちいき》へは多《おお》く支給《しきゅう》することで、地域間《ちいきかん》の格差《かくさ》を小《ちい》さくしている。

A
税収《ぜいしゅう》
B
交付金《こうふきん》
税収《ぜいしゅう》

その他《ほか》

食料《しょくりょう》を安定供給《あんていきょうきゅう》するため農業《のうぎょう》や漁業《ぎょぎょう》にかかわる人《ひと》たちを支援《しえん》するほか、公務員《こうむいん》とその家族《かぞく》をささえる費用《ひよう》、文化財《ぶんかざい》や芸術関連《げいじゅつかんれん》、災害《さいがい》の被害《ひがい》から復旧《ふっきゅう》するための費用《ひよう》などにつかわれる。

たいせつな税金《ぜいきん》。
そのつかい道《みち》が正《ただ》しいか、
国民《こくみん》はチェックしなければ
なりませんね。

文教《ぶんきょう》および科学振興費《かがくしんこうひ》

義務教育《ぎむきょういく》の学校運営費《がっこううんえいひ》や教材費《きょうざいひ》などのほか、高校無償化制度《こうこうむしょうかせいど》、大学《だいがく》の奨学金制度《しょうがくきんせいど》などで教育《きょういく》をささえている。また、科学技術《かがくぎじゅつ》の振興《しんこう》・発展《はってん》のため、さまざまな研究《けんきゅう》にお金《かね》が分配《ぶんぱい》される。

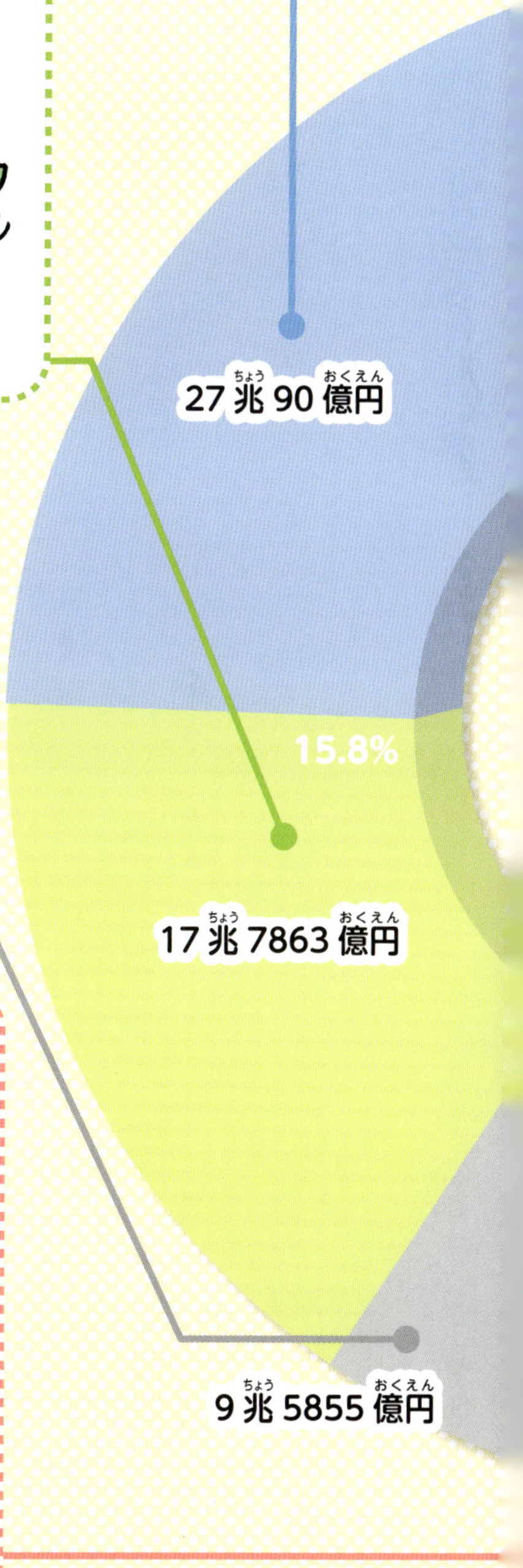
27兆《ちょう》90億円《おくえん》
15.8%
17兆《ちょう》7863億円《おくえん》
9兆《ちょう》5855億円《おくえん》

国《くに》だけでなく 地方公共団体《ちほうこうきょうだんたい》も 社会保障制度《しゃかいほしょうせいど》をささえている

社会保障制度《しゃかいほしょうせいど》は、地方《ちほう》のお金《かね》も財源《ざいげん》になっています。地方公共団体《ちほうこうきょうだんたい》の1年間《ねんかん》の予算《よさん》は、行政《ぎょうせい》の目的《もくてき》によって、6つの分野《ぶんや》にわけられます。なかでも社会保障制度《しゃかいほしょうせいど》にかかわる目的《もくてき》でつかわれる経費《けいひ》は、**生活《せいかつ》や福祉《ふくし》の分野《ぶんや》でつかわれる「民生費《みんせいひ》」と「労働費《ろうどうひ》」、保険衛生《ほけんえいせい》の分野《ぶんや》でつかわれる「衛生費《えいせいひ》」**です。

ふかぼり

ほとんどの社会保障制度《しゃかいほしょうせいど》にかかわる地方公共団体《ちほうこうきょうだんたい》

地方公共団体《ちほうこうきょうだんたい》が、社会保障《しゃかいほしょう》のためにつかうお金《かね》のなかでも、おもに生活《せいかつ》の保障《ほしょう》につかわれているのが民生費《みんせいひ》です。具体的《ぐたいてき》には生活《せいかつ》保護《ほご》や社会福祉《しゃかいふくし》などにつかわれています。地方全体《ちほうぜんたい》でみると、いちばん多《おお》いのがこの民生費《みんせいひ》。なかでも、多《おお》くの地域《ちいき》で子育《こそだ》て支援《しえん》に力《ちから》を入《い》れているため、児童福祉《じどうふくし》の費用《ひよう》の割合《わりあい》がもっとも多《おお》くなっています。

民生費《みんせいひ》のおもなつかい道《みち》のひとつが、福祉《ふくし》施設《しせつ》の運営《うんえい》です。お金《かね》の給付《きゅうふ》だけでなく、保育所《ほいくしょ》や養護老人《ようごろうじん》ホーム、障《しょう》がい者《しゃ》を支援《しえん》する施設《しせつ》などを運営《うんえい》しています。地方《ちほう》が施設《しせつ》を管理《かんり》・運営《うんえい》することで、よりきめの細《こま》かい支援《しえん》をおこなうことができるのです。

地方交付税《ちほうこうふぜい》など、国《くに》からの援助《えんじょ》はありますが、**地方《ちほう》が負担《ふたん》する民生費《みんせいひ》の割合《わりあい》は、年々《ねんねん》ふえています。**

memo《メモ》

地方公共団体《ちほうこうきょうだんたい》

日本国内《にほんこくない》でわたしたちが住《す》んでいる地域《ちいき》を運営《うんえい》する単位《たんい》で、都道府県《とどうふけん》や市区町村《しくちょうそん》のこと。地域住《ちいきじゅう》民《みん》のために地域《ちいき》を運営《うんえい》する場《ば》。地方自《ちほうじ》治体《ちたい》、自治体《じちたい》などともいう。

生活《せいかつ》をささえる民生費《みんせいひ》

災害《さいがい》がおこったときの
災害救助費《さいがいきゅうじょひ》も、民生費《みんせいひ》
にふくまれます。

高齢者《こうれいしゃ》や児童《じどう》、ひとり親《おや》、障《しょう》がい者《しゃ》などが安心《あんしん》して生活《せいかつ》できる地域《ちいき》にするために、地方税《ちほうぜい》からつかわれるのが民生費《みんせいひ》です。おもに、児童福祉費《じどうふくしひ》、老人福祉費《ろうじんふくしひ》、社会福祉費《しゃかいふくしひ》、生《せい》活保護費《かつほごひ》としてつかわれます。

民生費《みんせいひ》のつかい道《みち》

子《こ》どもや子育《こそだ》てを支援《しえん》する

児童福祉費《じどうふくしひ》

保育園《ほいくえん》や幼稚園《ようちえん》の費用《ひよう》の補助《ほじょ》、児童手当《じどうてあて》、児《じ》童養護施設《どうようごしせつ》の運営《うんえい》のほか、ひとり親支援《おやしえん》や母《ぼ》子生活支援《しせいかつしえん》などにもつかわれる。民生費《みんせいひ》の3分《ぶん》の1ものお金《かね》がつかわれている。

高齢者《こうれいしゃ》を支援《しえん》する

老人福祉費《ろうじんふくしひ》

高齢者《こうれいしゃ》の介護《かいご》サービスをささえる介護保険《かいごほけん》をはじめ、後期高齢者《こうきこうれいしゃ》（75歳以上《さいいじょう》）への医療費《いりょうひ》の補助《ほじょ》、養護老人《ようごろうじん》ホームの運営《うんえい》などにつかわれている。

障《しょう》がい者《しゃ》を支援《しえん》する

社会福祉費《しゃかいふくしひ》

障《しょう》がい者《しゃ》の介護《かいご》や、自立《じりつ》して生活《せいかつ》するための訓練《くんれん》などの支援《しえん》、就職《しゅうしょく》の支援《しえん》、障《しょう》がい者支援《しゃしえん》施設《しせつ》の運営《うんえい》など、おもに障《しょう》がい者《しゃ》のくらしをささえるためにつかわれている。

生活困窮者《せいかつこんきゅうしゃ》を支援《しえん》する

生活保護費《せいかつほごひ》

生活保護費《せいかつほごひ》は、国《くに》が75％、地方《ちほう》が25％負担《ふたん》している。民生費《みんせいひ》は、生活保護《せいかつほご》を受《う》けられるかの認定《にんてい》、給付金《きゅうふきん》の支《し》はらい、手続《てつづ》きの事務《じむ》作業《さぎょう》などにつかわれている。

健康《けんこう》をささえる衛生費《えいせいひ》

地域《ちいき》の住民《じゅうみん》の健康《けんこう》を守《まも》り、生活環境《せいかつかんきょう》を安全《あんぜん》で清潔《せいけつ》にしていくために、地方税《ちほうぜい》からつかわれるお金《かね》が衛生費《えいせいひ》です。衛生費《えいせいひ》は、大《おお》きく2つの柱《はしら》からなりたっています。病気予防《びょうきよぼう》などの医療《いりょう》や公衆衛生《こうしゅうえいせい》、精神衛生《せいしんえいせい》などを充実《じゅうじつ》させるための公衆衛生費《こうしゅうえいせいひ》とごみの収集《しゅうしゅう》・処理《しょり》など環境《かんきょう》を清潔《せいけつ》に保《たも》つための清掃費《せいそうひ》です。

衛生費《えいせいひ》のつかい道《みち》

保健所《ほけんじょ》の管理《かんり》

地域《ちいき》の医療機関《いりょうきかん》や保健《ほけん》センターなどの活動《かつどう》を調整《ちょうせい》し、地域住民《ちいきじゅうみん》に必要《ひつよう》なサービスを提供《ていきょう》するのが保健所《ほけんじょ》。住民《じゅうみん》の健康《けんこう》をささえるための保健所《ほけんじょ》の、管理《かんり》・運営《うんえい》につかわれている。

感染症《かんせんしょう》の予防接種《よぼうせっしゅ》

季節性《きせつせい》インフルエンザなどの予防接種《よぼうせっしゅ》の費用《ひよう》は、国《くに》と地方《ちほう》が出《だ》しあっている。新型《しんがた》コロナウイルス感染症《かんせんしょう》の予防接種《よぼうせっしゅ》は、国《くに》が費用《ひよう》をすべて負担《ふたん》し、地方《ちほう》の保健所《ほけんじょ》などがワクチン接《せっ》種《しゅ》をおこなった。

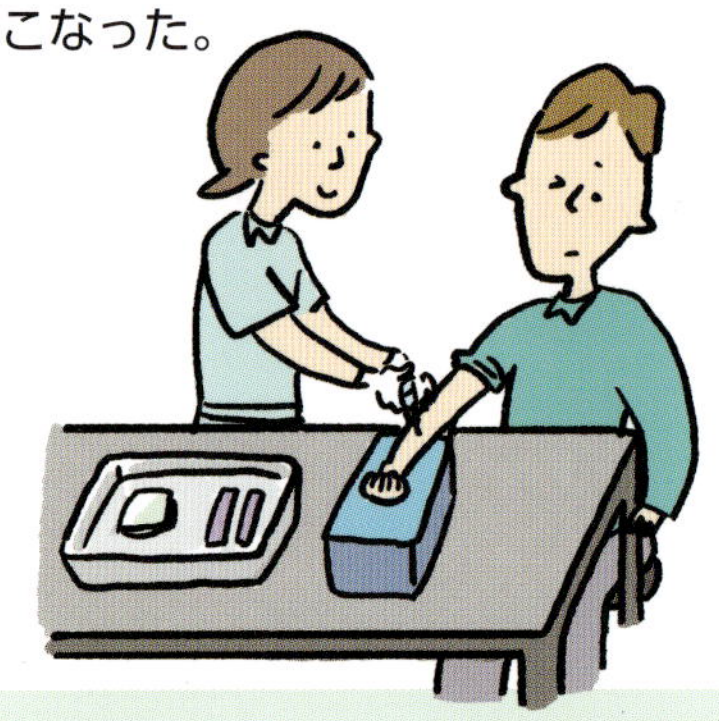

飲食店《いんしょくてん》の衛生管理《えいせいかんり》

飲食店《いんしょくてん》の開業前《かいぎょうまえ》の保健所《ほけんじょ》による立《た》ち会《あ》い検査《けんさ》や、店《みせ》でつかわれる食材《しょくざい》の安全《あんぜん》チェックなど。また、イベントなどで食品《しょくひん》を販売《はんばい》する場合《ばあい》の衛生管理《えいせいかんり》。

ごみの収集《しゅうしゅう》やトイレの排水処理《はいすいしょり》など

生活《せいかつ》していればかならずごみが出《で》るし、ごみがたまれば不衛生《ふえいせい》になる。ごみの収集《しゅうしゅう》やトイレ・生活《せいかつ》の排水《はいすい》などの処理《しょり》は、地域《ちいき》の健康《けんこう》と衛生《えいせい》を守《まも》るために欠《か》かせない。これらは地域《ちいき》で処理《しょり》するため、市町村《しちょうそん》がおこなっている。

働《はたら》く人《ひと》をささえる労働費《ろうどうひ》

地域《ちいき》で働《はたら》く人《ひと》たちの環境《かんきょう》をととのえ、安心《あんしん》して仕事《しごと》ができるよう、地方税《ちほうぜい》からつかわれるお金《かね》が労働費《ろうどうひ》です。高齢者《こうれいしゃ》の再就職支援《さいしゅうしょくしえん》など、働《はたら》きたい人《ひと》と、人材《じんざい》をもとめる会社《かいしゃ》とを、むすびつけるためにつかわれています。

労働費《ろうどうひ》のつかい道《みち》

近《ちか》くで働《はたら》ければ、なにかと助《たす》かるね！
それで町《まち》がもりあがれば、もうサイコー！

高齢者《こうれいしゃ》の雇用《こよう》を守《まも》る

法律《ほうりつ》では、希望《きぼう》すれば65歳《さい》までは継続《けいぞく》して働《はたら》けることになっている。しかし、高齢者《こうれいしゃ》の中《なか》には、もっと働《はたら》きたいという人《ひと》もいるため、会社側《かいしゃがわ》に補《ほ》助金《じょきん》を出《だ》すなど、高齢者《こうれいしゃ》がもっと長《なが》く働《はたら》けるような支《し》援《えん》をしている。

職業訓練施設《しょくぎょうくんれんしせつ》を運営《うんえい》

仕事《しごと》を失《うしな》った人《ひと》が次《つぎ》の仕事《しごと》につきやすいように、いろいろな技術《ぎじゅつ》を身《み》につけられる職業訓《しょくぎょうくん》練施設《れんしせつ》を運営《うんえい》している。地方《ちほう》では、その地域《ちいき》の文化《ぶんか》や伝統《でんとう》、産業《さんぎょう》にあわせた訓練《くんれん》をおこなうところもある。

失業者《しつぎょうしゃ》の支援《しえん》

働《はたら》きたい人《ひと》に仕事《しごと》を紹介《しょうかい》している。国《くに》の公共《こうきょう》職業安定所《しょくぎょうあんていじょ》ハローワークに対《たい》して、地方版《ちほうばん》ハローワークを設置《せっち》するなどして、働《はたら》きたい人《ひと》と、人材《じんざい》を求《もと》めている職場《しょくば》とをむすんでいる。

社会保障制度《しゃかいほしょうせいど》の税金《ぜいきん》でたりない分《ぶん》は国債《こくさい》がささえている

税金《ぜいきん》は、わたしたちが安心《あんしん》してくらしていくための基本《きほん》となるお金《かね》です。31ページにもあるように、国民《こくみん》はいろいろな税金《ぜいきん》をおさめていますが、国《くに》がつかうお金《かね》は、税金《ぜいきん》だけではとてもたりないのが実情《じつじょう》です。そこで**国《くに》は、銀行《ぎんこう》や国民《こくみん》などからお金《かね》を借《か》りています。**そのために発行《はっこう》するのが**国債《こくさい》**です。

ふかぼり

社会保障《しゃかいほしょう》につかわれる国債《こくさい》とは国《くに》の借金《しゃっきん》のこと

国債《こくさい》は国《くに》が発行《はっこう》する債券《さいけん》（借用証書《しゃくようしょうしょ》）で、銀行《ぎんこう》などに買《か》ってもらう代《か》わりにお金《かね》を得《え》ています。ただし、そのお金《かね》は決《き》められた期限《きげん》までに返《かえ》さなければなりません。だから国債《こくさい》は国《くに》の借金《しゃっきん》だといえます。

社会保険《しゃかいほけん》をささえる社会保障関係費《しゃかいほしょうかんけいひ》には、税金《ぜいきん》のほかに、国債《こくさい》のほとんどがつかわれています。では、国《くに》はどれくらいの国《こく》債《さい》を出《だ》しているのでしょうか。

２０２４年度《ねんど》、国《くに》に入《はい》ってくるお金《かね》は１１２兆《ちょう》５７１７億円《おくえん》。そのうち税金《ぜいきん》は69兆《ちょう》６０８０億円《おくえん》と、約《やく》60％しかありません。たりない分《ぶん》にあてられているのが35兆《ちょう》４４９０億円《おくえん》の公債金《こうさいきん》です。公債金《こうさいきん》とは国《こく》債《さい》を発行《はっこう》して得《え》られたお金《かね》で、これが国《くに》の借金《しゃっきん》となります。

一方《いっぽう》、国《くに》がつかうお金《かね》のうち、国債《こくさい》で借《か》りたお金《かね》を返《かえ》したり、利子《りし》を支《し》はらったりするためのお金《かね》は27兆《ちょう》90億円《おくえん》。つまり、35兆《ちょう》４４９０億円《おくえん》を借《か》りて、27兆《ちょう》90億円《おくえん》を返《かえ》しているということ。この差《さ》が毎年《まいとし》、国《くに》の借金《しゃっきん》としてたまっています。

国《くに》に入《はい》ってくるお金《かね》(2024年度《ねんど》当初予算《とうしょよさん》)

そのほかの収入《しゅうにゅう》
7兆《ちょう》5147億円《おくえん》
6.7%
公債金《こうさいきん》
35兆《ちょう》4490億円《おくえん》
31.5%
61.8%
給与
年金
10%
一般会計《いっぱんかいけい》
歳入総額《さいにゅうそうがく》
112兆《ちょう》5717億円《おくえん》
数値《すうち》は四捨五入《ししゃごにゅう》しているため、
合計《ごうけい》があわないことがあります。
税金《ぜいきん》など
(所得税《しょとくぜい》、法人税《ほうじんぜい》、
消費税《しょうひぜい》ほか)
69兆《ちょう》6080億円《おくえん》

メモ memo

国債《こくさい》って？

日本政府《にほんせいふ》は、国《くに》の事業《じぎょう》をおこなうために、国債《こくさい》を発行《はっこう》してお金《かね》をあつめます。正確《せいかく》には「日本政府《にほんせいふ》」の借金《しゃっきん》なのですが、一般的《いっぱんてき》に「国《くに》の借金《しゃっきん》」といわれています。

税金《ぜいきん》だけでは予算《よさん》がたりないから
国債《こくさい》で借金《しゃっきん》をして公債金《こうさいきん》を得《え》ている

税金《ぜいきん》
＋
公債金《こうさいきん》
＝
国《くに》がつかうお金《かね》

国債《こくさい》のしくみ

国債《こくさい》は、銀行《ぎんこう》や証券会社《しょうけんがいしゃ》などの金融機関《きんゆうきかん》に債券《さいけん》を買《か》ってもらい、ひきかえにお金《かね》を得《え》るというシステムです。個人《こじん》でも買《か》うことができ、それを個人向《こじんむ》け国債《こくさい》といいます。国債《こくさい》を売《う》ることは、お金《かね》を借《か》りることと同《おな》じ。だから、国《くに》は金融機関《きんゆうきかん》や個人《こじん》に、定期的《ていきてき》に利子《りし》を支《し》はらいます。さらに、期限《きげん》まではお金《かね》を返《かえ》さなければなりません。ところが、返《かえ》しきれずに借金《しゃっきん》は年々《ねんねん》ふえています。2024年度末《ねんどまつ》には約《やく》1105兆円《ちょうえん》になるみこみです。

たまった借金《しゃっきん》は、2024年度《ねんど》の税金収入《ぜいきんしゅうにゅう》の約《やく》16年分《ねんぶん》にあたるんです！
ヒエー！なんとかしないと…。

国債《こくさい》とお金《かね》の流《なが》れ

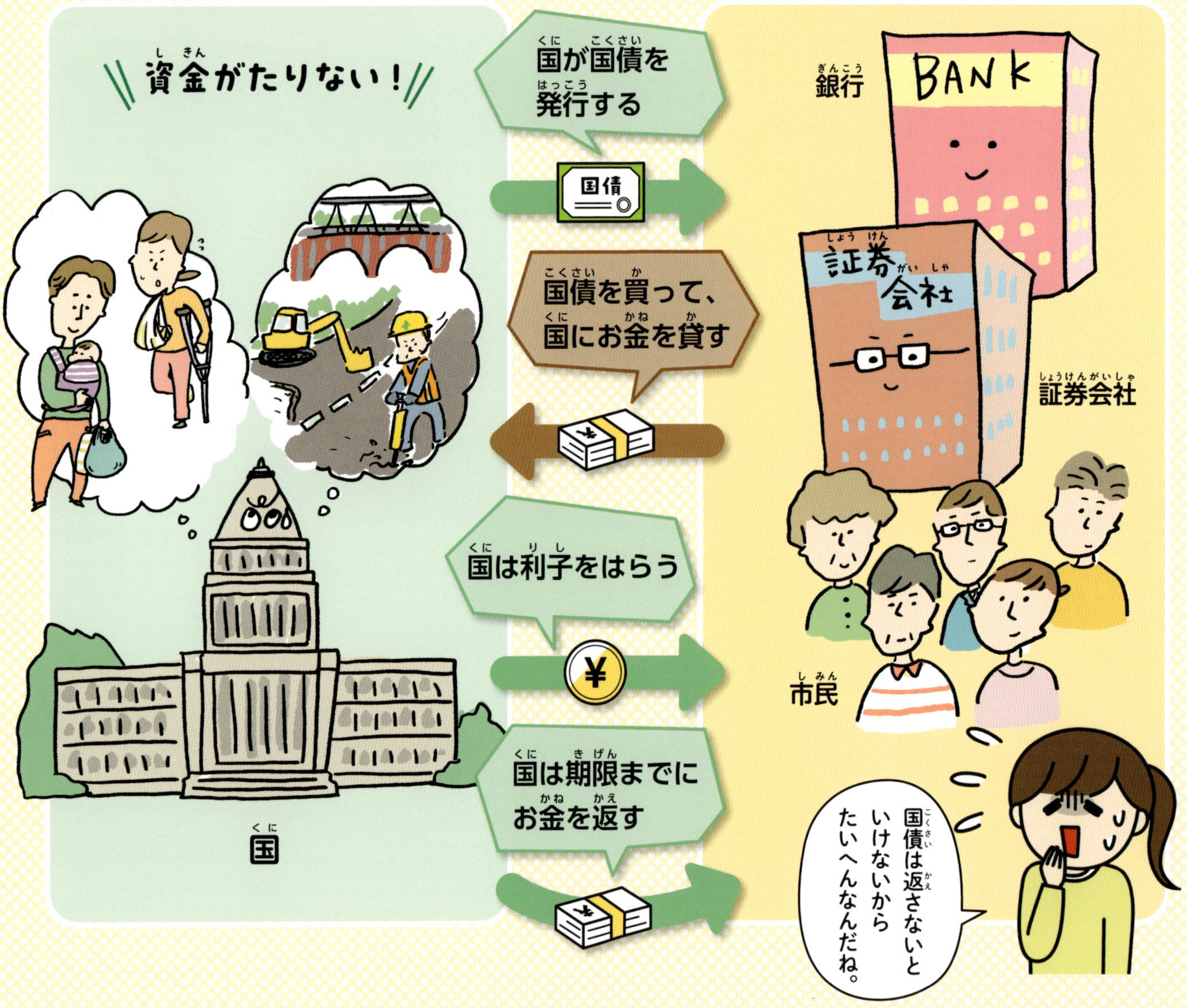
資金《しきん》がたりない！
国《くに》
国《くに》が国債《こくさい》を発行《はっこう》する
国債
国債《こくさい》を買《か》って、国《くに》にお金《かね》を貸《か》す
国《くに》は利子《りし》をはらう
¥
国《くに》は期限《きげん》までにお金《かね》を返《かえ》す
銀行《ぎんこう》
BANK
証券《しょうけん》会社《がいしゃ》
証券会社《しょうけんがいしゃ》
市民《しみん》
国債《こくさい》は返《かえ》さないといけないからたいへんなんだね。

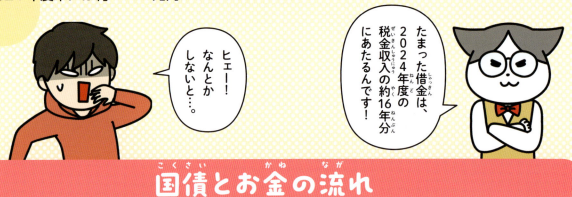

iDeCo《イデコ》やNISA《ニーサ》ってなに？

個人《こじん》でそなえる人《ひと》もいる！

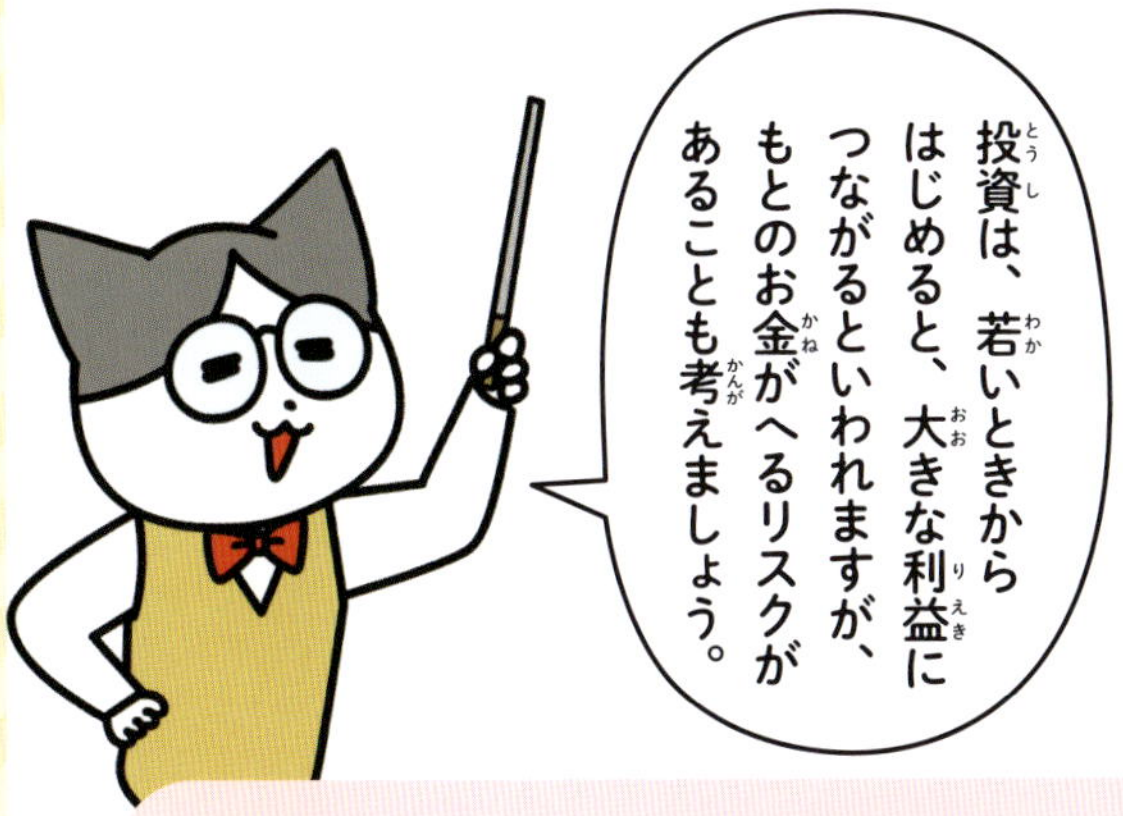
投資《とうし》は、若《わか》いときから
はじめると、大《おお》きな利益《りえき》に
つながるといわれますが、
もとのお金《かね》がへるリスクが
あることも考《かんが》えましょう。

世界《せかい》でも有数《ゆうすう》の長寿国《ちょうじゅこく》、日本《にほん》では、100歳《さい》まで生《い》きる「人生《じんせい》100年時代《ねんじだい》」が現実《げんじつ》のものとなってきました。社会保障制度《しゃかいほしょうせいど》によって年金《ねんきん》が支《し》はらわれるため、定年《ていねん》後《ご》も、ある程度《ていど》は安心《あんしん》して生活《せいかつ》できそうです。ただ、公的年金《こうてきねんきん》だけではたりない、不安《ふあん》だ、という人《ひと》もいるでしょう。そういう人《ひと》たちにとって、ここで紹介《しょうかい》するようなお金《かね》の運用《うんよう》が役立《やくだ》つかもしれません。

NISA《ニーサ》（少額投資非課税制度《しょうがくとうしひかぜいせいど》）

利益《りえき》を得《え》るためにお金《かね》を運用《うんよう》することを投資《とうし》という。一般《いっぱん》の投資《とうし》では、得《え》られた利益《りえき》に20%の税金《ぜいきん》がかかるが、NISA《ニーサ》は税金《ぜいきん》が無期限《むきげん》でかからないため、お金《かね》を有効《ゆうこう》に運用《うんよう》できる（上限金額《じょうげんきんがく》あり）。18歳以上《さいいじょう》の人《ひと》が加入《かにゅう》できる。

iDeCo《イデコ》

公的年金《こうてきねんきん》に加《くわ》えて、自分《じぶん》で年金《ねんきん》を上乗《うわの》せする私的年金《してきねんきん》の制度《せいど》。自分《じぶん》でえらんだ方法《ほうほう》でかけ金《きん》を運用《うんよう》する、というしくみ。運用《うんよう》で得《え》た利益《りえき》とかけ金《きん》の合計額《ごうけいがく》が年金《ねんきん》となる。20歳以上《さいいじょう》65歳未満《さいみまん》の人《ひと》はだれでも加入《かにゅう》できる。

株式投資《かぶしきとうし》

株式《かぶしき》とは、企業《きぎょう》が発行《はっこう》する証券《しょうけん》のこと。株式会社《かぶしきがいしゃ》は、株式《かぶしき》を発行《はっこう》して売《う》り、そのお金《かね》で事業経営《じぎょうけいえい》をおこなう。株式《かぶしき》を買《か》った人《ひと》を株主《かぶぬし》といい、株式《かぶしき》を売《う》り買《か》いしたり配当《はいとう》をもらうことで利益《りえき》を得《え》る。これを株式投資《かぶしきとうし》という。

預金《よきん》や貯金《ちょきん》

銀行《ぎんこう》や郵便局《ゆうびんきょく》などにお金《かね》をあずけると利子《りし》がついてお金《かね》がふえる。いまは利子《りし》が少《すく》ないため、お金《かね》を大《おお》きくふやすことはできないが、あずけたお金《かね》がへることはなく、安定《あんてい》してお金《かね》をためることができる。

預金《よきん》や貯金《ちょきん》は、
利益《りえき》は少《すく》ないのですが、
もとのお金《かね》がへる
ことはありません。

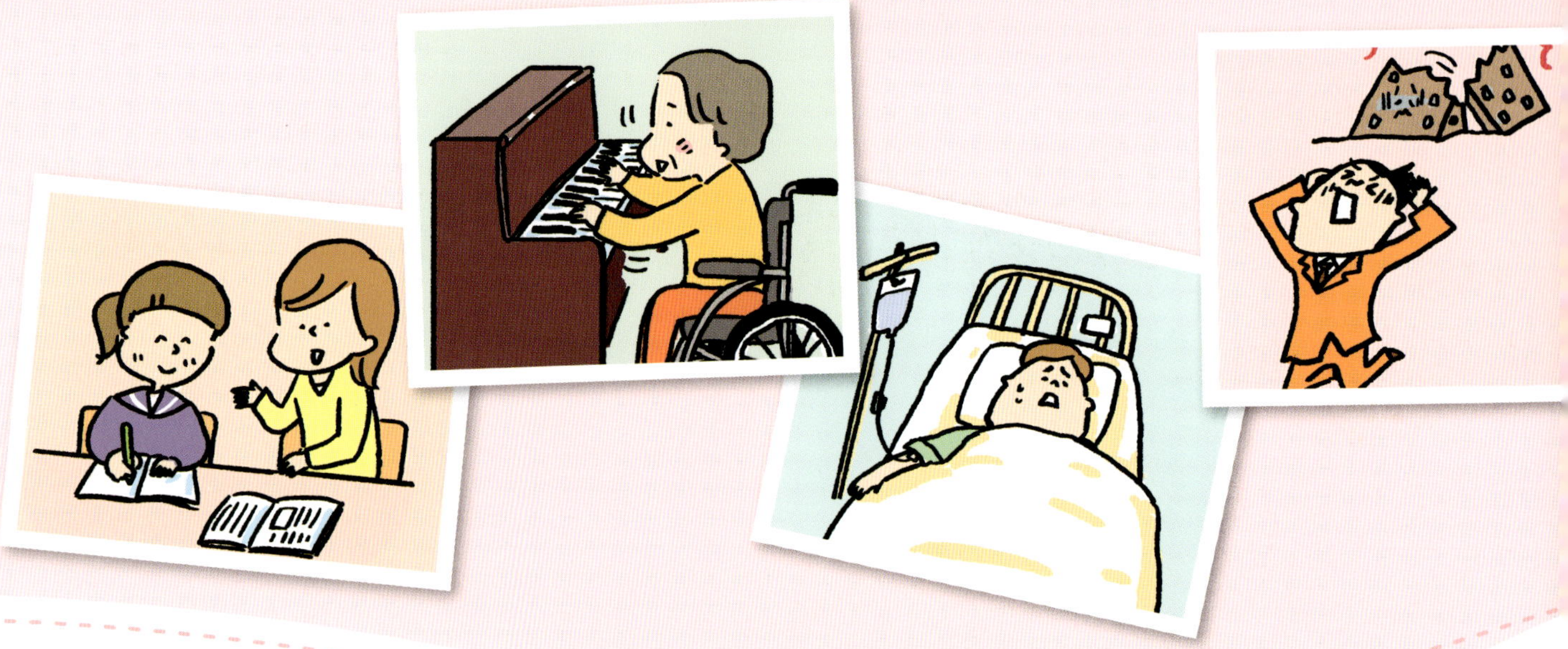

長《なが》生《い》きをささえる 日本《にほん》の社会保障制度《しゃかいほしょうせいど》

この巻《かん》では、社会保障《しゃかいほしょう》とはどんなしくみなのか、なんのためにあるのか、あるとどんないいことがあるのかなどをみてきました。社会保障《しゃかいほしょう》は、「お金《かね》が入《はい》ってこない」「家族《かぞく》の世話《せわ》ができない」など、わたしたちが生《い》きていく上《うえ》でおきるようなさまざまな「困《こま》りごと」にそなえ、ささえてもらうために、とっても大切《たいせつ》なしくみなのです。社会保障制度《しゃかいほしょうせいど》が対象《たいしょう》としている「困《こま》りごと」は、年金《ねんきん》や医療《いりょう》、介護《かいご》のように、どちらかというとお年寄《としよ》りむきのものが多《おお》いですが、保育園《ほいくえん》や幼稚園《ようちえん》の補助《ほじょ》、みなさんが病院《びょういん》にかかったときの治療費《ちりょうひ》の一部《いちぶ》などにもつかわれています。そう考えると、じつはみなさんにとっても、身近《みぢか》な制度《せいど》なのです。

とはいっても、みんなの「困《こま》りごと」にそなえ、ささえていくために、社会保障《しゃかいほしょう》にはたくさんのお金《かね》がかかります。この巻《かん》では、社会保障《しゃかいほしょう》につかわれるお金《かね》のもと（財源《ざいげん》）となっているのが、おもに税金《ぜいきん》や社会保険料《しゃかいほけんりょう》だということも見《み》てきました。みなさんがなにか買《か》い物《もの》をするときにはらっている消費税《しょうひぜい》も社会保障《しゃかいほしょう》の大切《たいせつ》な財源《ざいげん》

のひとつですが、みなさんも高校《こうこう》や大学《だいがく》を出《で》て働《はたら》くようになれば、税金《ぜいきん》や社会保険《しゃかいほけん》料《りょう》の負担《ふたん》というかたちで、社会保障制度《しゃかいほしょうせいど》をささえていく立場《たちば》になるのです。

いまの日本《にほん》は、社会保障《しゃかいほしょう》でささえられる人《ひと》たちはふえているのに、社会保障《しゃかいほしょう》をささえる人《ひと》たちはへっているので、働《はたら》く世代《せだい》の人《ひと》たちの負担《ふたん》は重《おも》くなってきています。その上国《うえくに》の借金《しゃっきん》も、けっこうな額《がく》になっています。そうしたなかで「そんなお金《かね》なんか負担《ふたん》したくない」「社会保障《しゃかいほしょう》なんかなくても、自分《じぶん》でそなえればいいんじゃない？」といった声《こえ》もあるのはたしかです。でも、忘《わす》れないでほしいのは、こうした「困《こま》りごと」は、どんな人《ひと》にでももとつぜんおきる可能性《かのうせい》があること、そして、いくら気《き》をつけても完全《かんぜん》に避《さ》けることはむずかしいこと、個人《こじん》の力《ちから》だけで対応《たいおう》するにはどうしても限界《げんかい》があるということ。だからこそ世界中《せかいじゅう》のあらゆる国《くに》で社会保障《しゃかいほしょう》が生《う》まれ、時代《じだい》の変化《へんか》とともにかたちをかえつつも、いまにつづいているのです。とくに日本《にほん》は、世界《せかい》でいちばん長生《ながい》きな国《くに》。これは、日本《にほん》の社会保障制度《しゃかいほしょうせいど》が長年《ながねん》にわたって、わたしたちの健康《けんこう》と生活《せいかつ》をささえてきたからです。そう思《おも》えば日本《にほん》の社会保障《しゃかいほしょう》は、いろいろな問題《もんだい》はかかえながらも、よく考《かんが》えられた、案外《あんがい》わるくないしくみだともいえるのです。

さくいん

あ行《ぎょう》

安全網《あんぜんもう》 …… 16
一般会計《いっぱんかいけい》 …… 31,43
iDeCo《イデコ》 …… 45
医療費《いりょうひ》 …… 19,28,31,34,35
医療保険《いりょうほけん》 …… 13,17,26,28
医療保険料《いりょうほけんりょう》 …… 27
衛生費《えいせいひ》 …… 38,40

か行《ぎょう》

介護休業《かいごきゅうぎょう》 …… 19
介護保険《かいごほけん》・介護保険制度《かいごほけんせいど》 …… 13,17,19,29,39
介護保険料《かいごほけんりょう》 …… 27
学習支援事業《がくしゅうしえんじぎょう》 …… 18
家族《かぞく》 …… 12,13,19,20
ガソリン税《ぜい》 …… 33
株式投資《かぶしきとうし》 …… 45
強制加入《きょうせいかにゅう》 …… 28,29
高額療養費制度《こうがくりょうようひせいど》 …… 19
後期高齢者《こうきこうれいしゃ》 …… 35,39
公共事業費《こうきょうじぎょうひ》 …… 31,36
公債金《こうさいきん》 …… 42,43
公衆衛生《こうしゅうえいせい》 …… 15-17,40
厚生年金《こうせいねんきん》 …… 35
公的扶助《こうてきふじょ》 …… 16,17
高齢者《こうれいしゃ》 …… 11,13,16,20,24,25,34,35,39,41
高齢者福祉《こうれいしゃふくし》 …… 17
国債《こくさい》 …… 27,37,42-44
国債費《こくさいひ》 …… 31,37
国税《こくぜい》 …… 30,32,33
国民皆保険《こくみんかいほけん》 …… 34
国民健康保険《こくみんけんこうほけん》 …… 35
国民健康保険法《こくみんけんこうほけんほう》 …… 14
国民年金《こくみんねんきん》 …… 35
国民年金法《こくみんねんきんほう》 …… 15
子《こ》育《そだ》て支援《しえん》 …… 35
固定資産税《こていしさんぜい》 …… 27,33
雇用保険《こようほけん》 …… 17
雇用保険法《こようほけんほう》 …… 14

さ行《ぎょう》

債券《さいけん》 …… 27,42,44
歳出《さいしゅつ》 …… 31,36
歳入《さいにゅう》 …… 43
事業税《じぎょうぜい》 …… 33
児童手当《じどうてあて》 …… 39
児童福祉《じどうふくし》 …… 17,38
児童福祉法《じどうふくしほう》 …… 14
社会福祉《しゃかいふくし》 …… 15-17,38
社会保険《しゃかいほけん》 …… 16,17,26,28,29,36
社会保険料《しゃかいほけんりょう》 …… 26-28,30
社会保障関係費《しゃかいほしょうかんけいひ》 …… 30,31,34,35,36,42
社会保障給付費《しゃかいほしょうきゅうふひ》 …… 24-27
社会保障財源《しゃかいほしょうざいげん》 …… 27
住民税《じゅうみんぜい》 …… 27,33
酒税《しゅぜい》 …… 33
障《しょう》がい者《しゃ》 …… 16,20,24,39
障害者福祉《しょうがいしゃふくし》 …… 17
障害福祉《しょうがいふくし》サービス …… 18,35
障害年金《しょうがいねんきん》 …… 18
消費税《しょうひぜい》 …… 27,32,33,43
所得《しょとく》 …… 12,13,19,32
所得税《しょとくぜい》 …… 32,33,43
所得《しょとく》の再分配《さいはいぶん》 …… 12,13
自立《じりつ》 …… 10,16
自律《じりつ》 …… 10
身体障害者福祉法《しんたいしょうがいしゃふくしほう》 …… 14
スクールカウンセラー …… 18
生活困窮者《せいかつこんきゅうしゃ》 …… 39
生活者自立支援制度《せいかつしゃじりつしえんせいど》 …… 19
生活保護《せいかつほご》・生活保護制度《せいかつほごせいど》 …… 13,17,19,34
生活保護法《せいかつほごほう》 …… 15
税金《ぜいきん》 …… 16,26,27,30-33,36,37,42,43,45
生存権《せいぞんけん》 …… 10,15,20
セーフティネット …… 16
相互扶助《そうごふじょ》 …… 29
相続税《そうぞくぜい》 …… 32

た行《ぎょう》

地方公共団体《ちほうこうきょうだんたい》 …… 27,30,32,33,38
地方交付税《ちほうこうふぜい》 …… 38
地方交付税交付金等《ちほうこうふぜいこうふきんとう》 …… 31,37
地方自治体《ちほうじちたい》・自治体《じちたい》 …… 38
地方消費税《ちほうしょうひぜい》 …… 33
地方税《ちほうぜい》 …… 32,33,39-41
貯金《ちょきん》 …… 45

な行《ぎょう》

NISA《ニーサ》 …… 45
日本国憲法《にほんこくけんぽう》 …… 10,14,15,20
日本国憲法第《にほんこくけんぽうだい》 25 条《じょう》 …… 10,15
入湯税《にゅうとうぜい》 …… 33
年金《ねんきん》 …… 24-26,31,34-36,45
年金保険《ねんきんほけん》 …… 13,17,26,28
年金保険料《ねんきんほけんりょう》 …… 27

は行《ぎょう》

ひとり親《おや》・ひとり親家庭《おやかてい》 …… 16,39
貧困《ひんこん》 …… 10,11,13,14
文教《ぶんきょう》および科学振興費《かがくしんこうひ》 …… 31,37
平均寿命《へいきんじゅみょう》 …… 34
保育所《ほいくしょ》・保育園《ほいくえん》 …… 13,38,39
防衛関係費《ぼうえいかんけいひ》 …… 31,36
法人税《ほうじんぜい》 …… 32,33,43
保健医療《ほけんいりょう》 …… 16,17
保健所《ほけんじょ》 …… 40
保健《ほけん》センター …… 40
母子生活支援《ぼしせいかつしえん》 …… 39
母子父子寡婦福祉《ぼしふしかふふくし》 …… 17
母子保健《ぼしほけん》 …… 16,17

ま・や・ら行《ぎょう》

民生費《みんせいひ》 …… 38,39
預金《よきん》 …… 45
予防接種《よぼうせっしゅ》 …… 40
リスクの分散《ぶんさん》 …… 12,13
労災保険《ろうさいほけん》 …… 17
老人福祉法《ろうじんふくしほう》 …… 14
労働費《ろうどうひ》 …… 38,41
労働保険《ろうどうほけん》 …… 26,29
労働保険料《ろうどうほけんりょう》 …… 27

監修　河合 塁（かわい　るい）

岐阜大学地域科学部教授。愛知県出身。専門は労働法・社会保障法など。1999年に社会保険労務士試験合格、2000～2013年まで企業年金連合会（旧・厚生年金基金連合会）にて年金関係の仕事にたずさわる。その間に中央大学大学院で博士（法学）を取得し、2013～2023年まで岩手大学准教授、2023年からは現職。サラリーマンから大学教員になり、アラフィフになってからほぼ30年ぶりに地元に戻ることに。というわけで「人生万事塞翁が馬」が好きな言葉。著書に『生きのびるための社会保障入門』（堀之内出版、共編著）、『リアル労働法』（法律文化社、共編著）など。

執筆 ―――― 永山多恵子
デザイン・DTP ― 門司美恵子・市川ゆうき（チャダル108）
マンガ ――― なのなのな
マンガシナリオ ― 古川美奈
イラスト ―― えのきのこ
校正 ―――― 米澤静香
編集 ―――― 株式会社アルバ

おもな参考資料

生きのびるための社会保障入門（堀之内出版）、税金とわたしたちのくらし（ほるぷ出版）、福祉がわかるシリーズ　3つの福祉とは？（ミネルヴァ書房）、私の税金どこへ行くの？（自由国民社）、NHK for School 社会保障制度とは（NHK）

みんなのミカタ　社会保障制度①
社会保障制度と制度をささえるお金

2025年2月／初版発行

監　修　河合塁
発行者　岩本邦宏
発行所　株式会社教育画劇
住　所　〒151-0051 東京都渋谷区千駄ヶ谷5-17-15
電　話　03-3341-3400（営業）
ＦＡＸ　03-3341-8365
https://www.kyouikugageki.co.jp
印　刷　株式会社あかね印刷工芸社
製　本　大村製本株式会社

NDC 364・345／48P／28×21cm
ISBN978-4-7746-2341-2（全3巻セット　978-4-7746-3326-8）